大方廣佛華嚴經 讀誦

48

🪷 일러두기

1. 『독송본 한문·한글역 대방광불화엄경』은 실차난타가 한역(695~699)한 80권 『대방광불화엄경』의 한문 원문과 한글역을 함께 수록한 것이다. 한문에는 음사와 현토를 부기하였다.

2. 원문의 저본은 고종 2년(1865) 월정사에서 인경한 고려대장경 『대방광불화엄경』에 한암 스님이 현토(1949년)한 것을 범룡 스님이 영인 출판(1990년)한 『대방광불화엄경』이다.

3. 한문은 저본에서 누락되었거나 글자가 다르다고 판단된 부분은 저본인 고려대장경 각권의 말미에 교감되어 있는 내용을 중심으로 하고 봉은사판 『대방광불화엄경수소연의초』와 신수대장경 각주에서 밝힌 교감본을 참조하여 보입하고 수정하였다.

4. 한글 번역은 동국역경원에서 발간한 한글 『대방광불화엄경』(운허)을 중심으로 하고 『신화엄경합론』(탄허)과 『대방광불화엄경 강설』(여천무비) 그리고 최근의 여타 번역본 등을 참조하였다.

5. 저본의 원문에서 이체자의 경우 훈글이 제공하는 이체자는 그대로 살리고 훈글이 제공하지 않는 글자는 통용되는 정자로 바꾸었다. 예) 閒 → 閞 / 焔 → 燄 / 宫 → 宮 / 偁 → 稱

6. 한글 번역은 독송과 사경을 위하여 정확성과 아울러 가독성을 고려하였다. 극존칭은 부처님과 불경계에 대해서만 사용하였다.

7. 독송본의 차례는 일러두기 → 본문 → 화엄경 목차 → 간행사의 순차이다.
   (법공양판에는 간행사 다음에 간행불사 동참자를 밝혀 두었다.)

8. 독송본의 한글역은 사경의 편의를 도모하기 위해 그 편집을 달리하여 『사경본 한글역 대방광불화엄경』으로 함께 간행한다. 독송본과 사경본 모두 80권 『대방광불화엄경』의 권별 목차 순으로 간행한다.

독송본 한문 · 한글역

대방광불화엄경 제48권
大方廣佛華嚴經 卷第四十八

34. 여래십신상해품
如來十身相海品 第三十四

35. 여래수호광명공덕품
如來隨好光明功德品 第三十五

실차난타 한역
수미해주 한글역

大方廣佛華嚴經卷第四十八變相 周

相海品三十四

立月賢菩薩

대방광불화엄경 제48권 변상도

대방광불화엄경
제48권

34. 여래십신상해품

대방광불화엄경 권제사십팔
大方廣佛華嚴經　卷第四十八

여래십신상해품 제삼십사
如來十身相海品　第三十四

이시　보현보살마하살　고제보살언
爾時에 普賢菩薩摩訶薩이 告諸菩薩言하사대

불자　금당위여　연설여래　소유상해
佛子야 今當爲汝하야 演說如來의 所有相海호리라

불자　여래정상　유삼십이보장엄대인상
佛子야 如來頂上에 有三十二寶莊嚴大人相이니라

기중　유대인상　명광조일체방　보방
其中에 有大人相하니 名光照一切方이라 普放

1

대방광불화엄경 제48권

34. 여래십신상해품

그때에 보현 보살마하살이 모든 보살들에게 말씀하였다.

"불자들이여, 이제 마땅히 그대들을 위하여 여래께서 지니신 몸모습바다를 연설하리라.

불자들이여, 여래의 정수리 위에 서른두 가지 보배로 장엄한 거룩한 모습이 있다.

무량대광명망　　일체묘보　　이위장엄
無量大光明網하야 一切妙寶로 以爲莊嚴하고

보발주변　　유연밀치　　일일함방마니보
寶髮周徧하야 柔軟密緻하며 一一咸放摩尼寶

광　　충만일체무변세계　　실현불신　색
光하야 充滿一切無邊世界하야 悉現佛身의 色

상원만　시위일
相圓滿이 是爲一이니라

차유대인상　　명불안광명운　　이마니
次有大人相하니 名佛眼光明雲이라 以摩尼

왕　　종종장엄　　출금색광　　여미간호
王으로 種種莊嚴하야 出金色光호대 如眉間毫

상　소방광명　기광　보조일체세계　시
相의 所放光明하야 其光이 普照一切世界가 是

위이
爲二니라

그 가운데 거룩한 모습이 있으니 이름이 '광명이 일체 방위를 비춤'이다. 한량없는 큰 광명 그물을 널리 놓아서 일체 미묘한 보배로 장엄하였고, 보배 머리카락이 두루하여 부드럽고 치밀하며, 낱낱이 다 마니보배 광명을 놓아 일체 가없는 세계에 가득하여 부처님 몸의 색상이 원만함을 다 나타낸다. 이것이 하나이다.

다음에 거룩한 모습이 있으니 이름이 '부처님 눈 광명 구름'이다. 마니왕으로 갖가지로 장엄하였고, 금색 빛을 내는 것이 미간 백호상에서 놓은 광명과 같아서 그 광명이 일체 세계를 널리 비춘다. 이것이 둘이다.

차유대인상　　　명충만법계운　　　상묘보
次有大人相하니　名充滿法界雲이라　上妙寶

　　　　　　　　이위장엄　　　방어여래복지등명　　　보
輪으로　以爲莊嚴하고　放於如來福智燈明하야　普

조시방일체법계제세계해　　　어중　　　보현일
照十方一切法界諸世界海하며　於中에　普現一

체제불　급제보살　시위삼
切諸佛과　及諸菩薩이　是爲三이니라

차유대인상　　　명시현보조운　　　진금마니
次有大人相하니　名示現普照雲이라　眞金摩尼로

종종장엄　　　기제묘보　　　함방광명　　　조부
種種莊嚴하고　其諸妙寶가　咸放光明하야　照不

사의제불국토　　　일체제불　　　어중출현　　　시
思議諸佛國土어든　一切諸佛이　於中出現이　是

다음에 거룩한 모습이 있으니 이름이 '법계에 가득한 구름'이다. 가장 미묘한 보배 바퀴로 장엄하였고, 여래의 복과 지혜의 등불 광명을 놓아 시방 일체 법계의 모든 세계바다를 널리 비추며 그 가운데 일체 모든 부처님과 그리고 모든 보살들을 널리 나타낸다. 이것이 셋이다.

다음에 거룩한 모습이 있으니 이름이 '나타내어 널리 비추는 구름'이다. 진금 마니로 갖가지로 장엄하였고, 그 모든 미묘한 보배들이 모두 광명을 놓아 부사의한 모든 부처님 국토

위사
爲四니라

차유대인상   명방보광명운   마니보
次有大人相하니 **名放寶光明雲**이라 **摩尼寶**

왕   청정장엄   비유리보   이위화예
王으로 **清淨莊嚴**하고 **毗瑠璃寶**로 **以爲華蘂**하야

광조시방일체법계   어중   보현종종신
光照十方一切法界어든 **於中**에 **普現種種神**

변   찬탄여래왕석소행지혜공덕   시위
變하야 **讚歎如來往昔所行智慧功德**이 **是爲**

오
五니라

차유대인상   명시현여래변법계대자재
次有大人相하니 **名示現如來徧法界大自在**

운   보살신변보염마니   이위기관   구
雲이라 **菩薩神變寶燄摩尼**로 **以爲其冠**하고 **具**

를 비추는데, 일체 모든 부처님께서 그 가운데 출현하신다. 이것이 넷이다.

다음에 거룩한 모습이 있으니 이름이 '보배 광명을 놓는 구름'이다. 마니보배왕으로 청정하게 장엄하였고, 비유리 보배로 꽃술이 되어 빛이 시방의 일체 법계를 비추는데, 그 가운데서 갖가지 신통 변화를 널리 나타내어 여래께서 지난 옛적에 행하시던 바 지혜와 공덕을 찬탄한다. 이것이 다섯이다.

다음에 거룩한 모습이 있으니 이름이 '여래를 나타내어 법계에 두루하는 크게 자재한 구름'이다. 보살이 신통 변화하는 보배 불꽃 마

여래력　　각오일체　　보염광륜　　이위기
如來力하야 覺悟一切하며 寶燄光輪으로 以爲其

만　　기광　　보조시방세계　　어중　　시현
鬘하야 其光이 普照十方世界어든 於中에 示現

일체여래　　좌어도량　　일체지운　　충만허공
一切如來가 坐於道場에 一切智雲이 充滿虛空

무량법계　　시위육
無量法界가 是爲六이니라

차유대인상　　명여래보등운　　이능진동
次有大人相하니 名如來普燈雲이라 以能震動

법계국토대자재보해　　이위장엄　　방정광
法界國土大自在寶海로 而爲莊嚴하고 放淨光

명　　충만법계　　어중　　보현시방제보살
明하야 充滿法界어든 於中에 普現十方諸菩薩

니로 그 관이 되고, 여래의 힘을 갖추어 일체를 깨닫는 보배 불꽃 광명 바퀴로 그 화만이 되었는데, 그 빛이 시방세계를 널리 비추며, 그 가운데 일체 여래께서 도량에 앉으심에 일체지 구름이 허공과 한량없는 법계에 가득함을 나타낸다. 이것이 여섯이다.

다음에 거룩한 모습이 있으니 이름이 '여래의 넓은 등불 구름'이다. 능히 법계의 국토를 진동하는 크게 자재한 보배바다로 장엄하였고, 깨끗한 광명을 놓아 법계에 가득하였는데, 그 가운데 시방 모든 보살들의 공덕바다와

공덕해　과현미래불지혜당해　시위칠
功德海와 過現未來佛智慧幢海가 是爲七이니라

차유대인상　명보조제불광대운　인다
次有大人相하니 名普照諸佛廣大雲이라 因陀

라보　여의왕보　마니왕보　이위장엄
羅寶와 如意王寶와 摩尼王寶로 以爲莊嚴하고

상방보살염등광명　보조시방일체세계
常放菩薩燄燈光明하야 普照十方一切世界어든

어중　현현일체제불　중색상해　대음성
於中에 顯現一切諸佛의 衆色相海와 大音聲

해　청정력해　시위팔
海와 淸淨力海가 是爲八이니라

차유대인상　명원만광명운　상묘유리
次有大人相하니 名圓滿光明雲이라 上妙瑠璃

마니왕종종보화　이위장엄　일체중보
摩尼王種種寶華로 以爲莊嚴하고 一切衆寶가

과거 현재 미래 부처님의 지혜 당기바다를 널리 나타낸다. 이것이 일곱이다.

다음에 거룩한 모습이 있으니 이름이 '모든 부처님을 널리 비추는 광대한 구름'이다. 인다라 보배와 여의왕 보배와 마니왕 보배로 장엄하였고, 항상 보살의 불꽃 등불 광명을 놓아 시방의 일체 세계를 널리 비추며, 그 가운데 일체 모든 부처님의 온갖 색상바다와 큰 음성바다와 청정한 힘바다를 나타낸다. 이것이 여덟이다.

다음에 거룩한 모습이 있으니 이름이 '원만한 광명 구름'이다. 가장 미묘한 유리와 마니

서대염망　　충만시방일체세계　　일체중
舒大燄網하야 充滿十方一切世界어든 一切衆

생　실견여래　현좌기전　　찬탄제불　급
生이 悉見如來가 現坐其前하사 讚歎諸佛과 及

제보살　법신공덕　　영입여래청정경계
諸菩薩의 法身功德하야 令入如來淸淨境界가

시위구
是爲九니라

차유대인상　　명보조일체보살행장광명
次有大人相하니 名普照一切菩薩行藏光明

운　중보묘화　이위장엄　　보광보조무
雲이라 衆寶妙華로 以爲莊嚴하고 寶光普照無

량세계　보염보부일체국토　　시방법계
量世界하며 寶燄普覆一切國土하야 十方法界에

왕의 갖가지 보배 꽃으로 장엄하였고, 일체 온갖 보배가 큰 불꽃 그물을 펴서 시방 일체 세계에 가득하였는데, 일체 중생이 여래께서 그 앞에 나타나 앉아서 모든 부처님과 모든 보살들의 법신의 공덕을 찬탄하심을 다 보고 여래의 청정한 경계에 들게 한다. 이것이 아홉이다.

다음에 거룩한 모습이 있으니 이름이 '일체 보살행의 창고를 널리 비추는 광명 구름'이다. 온갖 보배로 된 미묘한 꽃으로 장엄하였고, 보배 광명이 한량없는 세계를 널리 비추고 보배 불꽃이 일체 국토를 널리 덮어서 시방의 법계

통달무애　　진동불음　　선창법해　시위
通達無礙하야 震動佛音하야 宣暢法海가 是爲

십
十이니라

차유대인상　　명보광조요운　　비유리인
次有大人相하니 名普光照耀雲이라 毗瑠璃因

다라금강마니보　　이위장엄　　유리보광
陀羅金剛摩尼寶로 以爲莊嚴하고 瑠璃寶光이

색상명철　　보조일체제세계해　　출묘음
色相明徹하야 普照一切諸世界海하야 出妙音

성　　충만법계　　여시개종제불지혜대공
聲하야 充滿法界하니 如是皆從諸佛智慧大功

덕해지소화현　시위십일
德海之所化現이 是爲十一이니라

차유대인상　　명정각운　　이잡보화　이
次有大人相하니 名正覺雲이라 以雜寶華로 而

에 걸림 없이 통달하며 부처님의 음성을 진동하여 법바다를 선양한다. 이것이 열이다.

다음에 거룩한 모습이 있으니 이름이 '넓은 광명 밝게 비추는 구름'이다. 비유리인다라 금강 마니보배로 장엄하였고, 유리 보배 광명의 색상이 밝게 사무쳐 일체 모든 세계바다를 널리 비추며 미묘한 음성을 내어 법계에 가득하니, 이와 같은 것이 다 모든 부처님의 지혜와 큰 공덕바다를 좇아 변화하여 나타나는 것이다. 이것이 열하나이다.

다음에 거룩한 모습이 있으니 이름이 '바른 깨달음의 구름'이다. 여러 가지 보배 꽃으

위장엄　　기제보화　　실방광명　　개유여
爲莊嚴하고 其諸寶華가 悉放光明하니 皆有如

래　　좌어도량　　충만일체무변세계　　영
來가 坐於道場하야 充滿一切無邊世界하사 令

제세계　　보득청정　　영단일체망상분별
諸世界로 普得淸淨하야 永斷一切妄想分別이

시위십이
是爲十二니라

차유대인상　　명광명조요운　　이보염장
次有大人相하니 名光明照曜雲이라 以寶燄藏

해심왕마니　　이위장엄　　방대광명　　광
海心王摩尼로 而爲莊嚴하고 放大光明하야 光

중　　현현무량보살　　급제보살　　소행지행
中에 顯現無量菩薩과 及諸菩薩의 所行之行과

로 장엄하였고, 그 모든 보배 꽃들이 모두 광명을 놓으니, 다 여래께서 계시어 도량에 앉아서 일체 가없는 세계에 가득하셨으며, 모든 세계로 하여금 널리 청정함을 얻어 일체 망상과 분별을 영원히 끊게 한다. 이것이 열둘이다.

다음에 거룩한 모습이 있으니 이름이 '광명이 밝게 비추는 구름'이다. 보배 불꽃 창고바다 심왕 마니로 장엄하였고, 큰 광명을 놓으니 광명 가운데는 한량없는 보살들과 모든 보살들의 행하던 행과 일체 여래의 지혜의 몸과 법

일체여래　지신법신제색상해　충만법
一切如來의 智身法身諸色相海하야 充滿法

계　시위십삼
界가 是爲十三이니라

차유대인상　명장엄보조운　이금강화
次有大人相하니 名莊嚴普照雲이라 以金剛華

비유리보　이위장엄　방대광명　광중
毗瑠璃寶로 而爲莊嚴하고 放大光明하야 光中에

유대보련화좌　구족장엄　미부법계
有大寶蓮華座호대 具足莊嚴하야 彌覆法界하야

자연연설사보살행　기음　보변제법계
自然演說四菩薩行이어든 其音이 普徧諸法界

해　시위십사
海가 是爲十四니라

차유대인상　명현불삼매해행운　어일
次有大人相하니 名現佛三昧海行雲이라 於一

의 몸과 모든 색상바다를 나타내어 법계에 가 득하다. 이것이 열셋이다.

다음에 거룩한 모습이 있으니 이름이 '장엄을 널리 비추는 구름'이다. 금강 꽃 비유리 보배로 장엄하였고, 큰 광명을 놓으니 광명 속에는 큰 보배 연꽃 자리가 있는데 장엄을 구족하여 법계를 두루 덮었으며, 자연히 네 가지 보살행을 연설하는데 그 음성이 모든 법계바다에 널리 두루하다. 이것이 열넷이다.

다음에 거룩한 모습이 있으니 이름이 '부처님의 삼매바다 행을 나타내는 구름'이다. 한 생각 동안에 여래의 한량없는 장엄을 나타내

념중　　시현여래무량장엄　　　보변장엄일체
念中에 示現如來無量莊嚴하야 普徧莊嚴一切

법계부사의세계해　시위십오
法界不思議世界海가 是爲十五니라

차유대인상　　명변화해보조운　　묘보련화
次有大人相하니 名變化海普照雲이라 妙寶蓮華

여수미산　　이위장엄　　중보광명　종불원
如須彌山으로 以爲莊嚴하고 衆寶光明이 從佛願

생　　현제변화　　무유궁진　시위십육
生하야 現諸變化하야 無有窮盡이 是爲十六이니라

차유대인상　　명일체여래해탈운　　청정
次有大人相하니 名一切如來解脫雲이라 淸淨

어 일체 법계의 부사의한 세계바다를 널리 두루 장엄한다. 이것이 열다섯이다.

다음에 거룩한 모습이 있으니 이름이 '변화바다를 널리 비추는 구름'이다. 수미산 같은 미묘한 보배 연꽃으로 장엄하였고, 온갖 보배 광명이 부처님의 서원을 좇아 나서 모든 변화를 나타냄이 다함이 없다. 이것이 열여섯이다.

다음에 거룩한 모습이 있으니 이름이 '일체여래의 해탈 구름'이다. 청정하고 미묘한 보배로 장엄하였고, 큰 광명을 놓아 일체 부처님의

묘보　이위장엄　방대광명　장엄일체
妙寶로 以爲莊嚴하고 放大光明하야 莊嚴一切

불사자좌　시현일체제불색상　급무량불
佛師子座하야 示現一切諸佛色像과 及無量佛

법　제불찰해　시위십칠
法과 諸佛刹海가 是爲十七이니라

차유대인상　명자재방편보조운　비유
次有大人相하니 名自在方便普照雲이라 毗瑠

리화　진금련화　마니왕등　묘법염운
璃華와 眞金蓮華와 摩尼王燈과 妙法燄雲으로

이위장엄　방일체제불보염밀운청정광
以爲莊嚴하고 放一切諸佛寶燄密雲淸淨光

명　충만법계　어중　보현일체묘호장
明하야 充滿法界하야 於中에 普現一切妙好莊

엄지구　시위십팔
嚴之具가 是爲十八이니라

사자좌를 장엄하며, 일체 모든 부처님의 색상과 그리고 한량없는 부처님 법과 모든 부처님의 세계바다를 나타내 보인다. 이것이 열일곱이다.

다음에 거룩한 모습이 있으니 이름이 '자재한 방편으로 널리 비추는 구름'이다. 비유리 꽃과 진금 연화와 마니왕 등불과 미묘한 법 불꽃 구름으로 장엄하였고, 일체 모든 부처님의 보배 불꽃 빽빽한 구름의 청정한 광명을 놓아 법계에 가득 찼는데, 그 가운데 일체 미묘하고 아름다운 장엄거리를 널리 나타낸다. 이것이 열여덟이다.

차유대인상　　명각불종성운　　무량보광
次有大人相하니 名覺佛種性雲이라 無量寶光으로

이위장엄　　구족천륜　　내외청정　　종어
以爲莊嚴하고 具足千輪하야 內外淸淨하니 從於

왕석선근소생　　기광　　변조시방세계
往昔善根所生이라 其光이 徧照十方世界하야

발명지일　　선포법해　　시위십구
發明智日하야 宣布法海가 是爲十九니라

차유대인상　　명현일체여래상자재운　　중
次有大人相하니 名現一切如來相自在雲이라 衆

보영락유리보화　　이위장엄　　서대보염
寶瓔珞瑠璃寶華로 以爲莊嚴하고 舒大寶燄하야

충만법계　　어중　　보현등일체불찰미진수
充滿法界하야 於中에 普現等一切佛刹微塵數

거래현재무량제불　　여사자왕　　용맹무
去來現在無量諸佛호대 如師子王의 勇猛無

　다음에 거룩한 모습이 있으니 이름이 '부처님의 종성을 깨달은 구름'이다. 한량없는 보배 광명으로 장엄하였고, 천 살 바퀴를 갖추어 안팎이 청정하니, 지난 옛적의 선근에서 생겨난 것이며, 그 빛이 시방세계를 두루 비추어 지혜의 해를 펴서 밝히어 법의 바다를 선포한다. 이것이 열아홉이다.

　다음에 거룩한 모습이 있으니 이름이 '일체 여래의 모양을 나타내는 자재한 구름'이다. 온갖 보배 영락과 유리 보배 꽃으로 장엄하였고, 큰 보배 불꽃을 펴서 법계에 가득하며 그 가운데 일체 부처님 세계 미진수와 같은 과거

외   색상지혜   개실구족   시위이십
畏하야 色相智慧가 皆悉具足이 是爲二十이니라

차유대인상   명변조일체법계운   여래
次有大人相하니 名徧照一切法界雲이라 如來

보상   청정장엄   방대광명   보조법
寶相으로 淸淨莊嚴하고 放大光明하야 普照法

계   현현일체무량무변제불보살   지혜묘
界하야 顯現一切無量無邊諸佛菩薩의 智慧妙

장   시위이십일
藏이 是爲二十一이니라

차유대인상   명비로자나여래상운   상
次有大人相하니 名毗盧遮那如來相雲이라 上

묘보화   급비유리청정묘월   이위장엄
妙寶華와 及毗瑠璃淸淨妙月로 以爲莊嚴하고

와 미래와 현재의 한량없는 모든 부처님을 널리 나타내는데, 사자왕과 같이 용맹하여 두려움이 없으며 색상과 지혜가 모두 다 구족한다. 이것이 스물이다.

다음에 거룩한 모습이 있으니 이름이 '일체 법계를 두루 비추는 구름'이다. 여래의 보배 형상으로 청정하게 장엄하였고, 큰 광명을 놓아 법계를 널리 비추며, 일체 한량없고 가없는 모든 부처님과 보살들의 지혜의 미묘한 창고를 나타낸다. 이것이 스물하나이다.

다음에 거룩한 모습이 있으니 이름이 '비로

실방무량백천만억마니보광　충만일체허
悉放無量百千萬億摩尼寶光하야 充滿一切虛

공법계　어중　시현무량불찰　개유여래
空法界어든 於中에 示現無量佛刹에 皆有如來

결가부좌　시위이십이
結跏趺坐가 是爲二十二니라

차유대인상　명보조일체불광명운　중
次有大人相하니 名普照一切佛光明雲이라 衆

보묘등　이위장엄　방정광명　변조시
寶妙燈으로 以爲莊嚴하고 放淨光明하야 徧照十

방일체세계　실현제불전어법륜　시위
方一切世界하야 悉現諸佛轉於法輪이 是爲

이십삼
二十三이니라

차유대인상　명보현일체장엄운　종종
次有大人相하니 名普現一切莊嚴雲이라 種種

자나여래의 형상 구름'이다. 가장 미묘한 보배 꽃과 비유리의 청정하고 미묘한 달로 장엄하였고, 모두 한량없는 백천만억 마니 보배 광명을 놓아 일체 허공 법계에 가득한데, 그 가운데 한량없는 부처님 세계에서 다 여래께서 결가부좌하고 계심을 나타내 보인다. 이것이 스물둘이다.

다음에 거룩한 모습이 있으니 이름이 '일체 부처님을 널리 비추는 광명 구름'이다. 온갖 보배로 된 미묘한 등불로 장엄하였고, 깨끗한 광명을 놓아 시방의 일체 세계를 두루 비추어 모든 부처님께서 법륜 굴리심을 다 나타낸다.

보염　　이위장엄　　방정광명　　충만법
寶燄으로 **以爲莊嚴**하고 **放淨光明**하야 **充滿法**

계　　염념상현불가설불가설일체제불　　여
界하야 **念念常現不可說不可說一切諸佛**이 **與**

제보살　　좌어도량　　시위이십사
諸菩薩로 **坐於道場**이 **是爲二十四**니라

이것이 스물셋이다.

　다음에 거룩한 모습이 있으니 이름이 '일체 장엄을 널리 나타내는 구름'이다. 갖가지 보배 불꽃으로 장엄하였고, 깨끗한 광명을 놓아 법계에 가득하며, 생각생각에 말할 수 없이 말할 수 없는 일체 모든 부처님께서 모든 보살들과 함께 도량에 앉아 계심을 항상 나타낸다. 이것이 스물넷이다.

차유대인상　　　명출일체법계음성운　　　마
次有大人相하니 名出一切法界音聲雲이라 摩

니보해　　상묘전단　　이위장엄　　　서대염
尼寶海와 上妙栴檀으로 以爲莊嚴하고 舒大焰

망　　　충만법계　　　기중　　보연미묘음성
網하야 充滿法界어든 其中에 普演微妙音聲하야

시제중생　　일체업해　　시위이십오
示諸衆生의 一切業海가 是爲二十五니라

차유대인상　　　명보조제불변화륜운　　　여
次有大人相하니 名普照諸佛變化輪雲이라 如

래정안　　　이위장엄　　광조시방일체세계
來淨眼으로 以爲莊嚴하고 光照十方一切世界하야

어중　　　보현거래금불　　소유일체장엄지
於中에 普現去來今佛의 所有一切莊嚴之

구　　　부출묘음　　　연부사의광대법해　　시
具하며 復出妙音하야 演不思議廣大法海가 是

다음에 거룩한 모습이 있으니 이름이 '일체 법계의 음성을 내는 구름'이다. 마니보배바다 의 가장 미묘한 전단으로 장엄하였고, 큰 불 꽃 그물을 펴서 법계에 가득하며, 그 가운데 서 미묘한 음성을 널리 내어 모든 중생들의 일 체 업바다를 보인다. 이것이 스물다섯이다.

다음에 거룩한 모습이 있으니 이름이 '모든 부처님의 변화하는 바퀴를 널리 비추는 구름' 이다. 여래의 깨끗한 눈으로 장엄하였고, 빛이 시방의 일체 세계를 비추며, 그 가운데 과거 와 미래와 현재의 부처님이 지니신 일체 장엄 거리를 널리 나타내고, 다시 미묘한 음성을 내

위이십육
爲二十六이니라

차유대인상　　명광조불해운　　기광　　보
次有大人相하니　名光照佛海雲이라　其光이　普

조일체세계　　진우법계　　무소장애　　실
照一切世界호대　盡于法界하야　無所障礙어든　悉

유여래결가부좌　시위이십칠
有如來結跏趺坐가　是爲二十七이니라

차유대인상　　명보등운　　방어여래광대
次有大人相하니　名寶燈雲이라　放於如來廣大

광명　　보조시방일체법계　　어중　　보현
光明하야　普照十方一切法界하고　於中에　普現

일체제불　급제보살　불가사의제중생해
一切諸佛과　及諸菩薩과　不可思議諸衆生海가

어 부사의하고 광대한 법바다를 연설한다. 이
것이 스물여섯이다.

　다음에 거룩한 모습이 있으니 이름이 '광명
으로 부처님바다를 비추는 구름'이다. 그 광
명이 일체 세계를 널리 비추어 법계가 다하도
록 장애됨이 없는데, 다 여래께서 결가부좌하
고 계신다. 이것이 스물일곱이다.

　다음에 거룩한 모습이 있으니 이름이 '보배
등불 구름'이다. 여래의 광대한 광명을 놓아
시방의 일체 법계를 널리 비추며, 그 가운데
일체 모든 부처님과 그리고 모든 보살들과 불

시위이십팔
是爲二十八이니라

차유대인상　　명법계무차별운　　방어여래
次有大人相하니 名法界無差別雲이라 放於如來

대지광명　　보조시방제불국토일체보살도량
大智光明하야 普照十方諸佛國土一切菩薩道場

중회무량법해　　어중　　보현종종신통　　부
衆會無量法海하고 於中에 普現種種神通하며 復

출묘음　　수제중생심지소락　　연설보현보
出妙音하야 隨諸衆生心之所樂하야 演說普賢菩

살행원　　영기회향　　시위이십구
薩行願하야 令其迴向이 是爲二十九니라

차유대인상　　명안주일체세계해보조운
次有大人相하니 名安住一切世界海普照雲이라

방보광명　　충만일체허공법계　　어중　　보
放寶光明하야 充滿一切虛空法界하고 於中에 普

가사의한 모든 중생들바다를 널리 나타낸다. 이것이 스물여덟이다.

다음에 거룩한 모습이 있으니 이름이 '법계의 차별 없는 구름'이다. 여래의 큰 지혜 광명을 놓아 시방의 모든 부처님 국토와 일체 보살의 도량에 모인 대중들과 한량없는 법바다를 널리 비추며, 그 가운데 갖가지 신통을 널리 나타내고, 또 미묘한 소리를 내어 모든 중생들의 마음에 즐거하는 바를 따라 보현 보살의 행원을 연설하여 그들이 회향하게 한다. 이것이 스물아홉이다.

다음에 거룩한 모습이 있으니 이름이 '일체

현정묘도량　　급불보살　　장엄신상　　　영기
現淨妙道場과 及佛菩薩의 莊嚴身相하야 令其

견자　득무소견　시위삼십
見者로 得無所見이 是爲三十이니라

차유대인상　　명일체보청정광염운　　방
次有大人相하니 名一切寶淸淨光燄雲이라 放

어무량제불보살마니묘보청정광명　　보조
於無量諸佛菩薩摩尼妙寶淸淨光明하야 普照

시방일체법계　　어중　　보현제보살해
十方一切法界하고 於中에 普現諸菩薩海호대

막불구족여래신력　　상유시방진허공계일
莫不具足如來神力하야 常遊十方盡虛空界一

체찰망　시위삼십일
切刹網이 是爲三十一이니라

세계바다에 편안히 머물러 널리 비추는 구름'
이다. 보배 광명을 놓아 일체 허공과 법계에
가득하며, 그 가운데 깨끗하고 미묘한 도량과
그리고 부처님과 보살의 장엄한 몸 모양을 널
리 나타내어 그 보는 자로 하여금 본 바가 없
게 한다. 이것이 서른이다.

다음에 거룩한 모습이 있으니 이름이 '일체
보배 청정한 빛 불꽃 구름'이다. 한량없는 모
든 부처님과 보살들의 마니 미묘한 보배 청정
한 광명을 놓아 시방의 일체 법계를 널리 비추
며 그 가운데 모든 보살바다를 널리 나타내는

차유대인상　　명보조일체법계장엄운
次有大人相하니 名普照一切法界莊嚴雲이라

최처어중　　점차융기　　염부단금인다라
最處於中하야 漸次隆起하야 閻浮檀金因陀羅

망　　이위장엄　　방정광운　　충만법계
網으로 以爲莊嚴하고 放淨光雲하야 充滿法界하야

염념상현일체세계제불보살도량중회　　시
念念常現一切世界諸佛菩薩道場衆會가 是

위삼십이
爲三十二니라

불자　　여래정상　　유여시삼십이종대인상
佛子야 如來頂上에 有如是三十二種大人相하야

이위엄호
以爲嚴好하시니라

데, 여래의 위신력을 갖추지 않음이 없고 시방

온 허공계 일체 세계 그물을 항상 다닌다. 이

것이 서른하나이다.

　다음에 거룩한 모습이 있으니 이름이 '일체 법

계를 널리 비추는 장엄 구름'이다. 가장 복판에

있어서 점점 차례로 솟아올라 염부단금 인다라

그물로 장엄하였고, 깨끗한 광명 구름을 놓아

법계에 가득하였으며, 생각생각 동안에 일체

세계의 모든 부처님과 보살의 도량에 모인 대

중들을 항상 나타낸다. 이것이 서른둘이다.

　불자들이여, 여래의 정수리 위에 이와 같은

불자　여래미간　유대인상　　명변법계광
佛子야 如來眉間에 有大人相하니 名徧法界光

명운　마니보화　이위장엄　방대광명
明雲이라 摩尼寶華로 以爲莊嚴하고 放大光明하야

구중보색　유여일월　통철청정　기광
具衆寶色호대 猶如日月이 洞徹淸淨하야 其光이

보조시방국토　어중　현현일체불신　부
普照十方國土어든 於中에 顯現一切佛身하며 復

출묘음　선창법해　시위삼십삼
出妙音하야 宣暢法海가 是爲三十三이니라

서른두 가지 거룩한 모습이 있어 아름답게 장
엄하였다.

 불자들이여, 여래의 미간에 거룩한 모습이
있으니 이름이 '법계에 두루한 광명 구름'이
다. 마니보배 꽃으로 장엄하였고, 큰 광명을
놓으니 온갖 보배 빛을 갖춘 것이 마치 해와
달과 같아서 환히 사무쳐 청정하며, 그 빛이
시방 국토를 널리 비추고, 그 가운데 일체 부
처님의 몸을 나타내며, 또 미묘한 음성을 내어
법바다를 연설한다. 이것이 서른셋이다.

여래안　유대인상　　명자재보견운　　이중
如來眼에 有大人相하니 名自在普見雲이라 以衆

묘보　이위장엄　　마니보광　청정영철
妙寶로 而爲莊嚴하고 摩尼寶光이 淸淨映徹하야

보견일체　개무장애　시위삼십사
普見一切호대 皆無障礙가 是爲三十四니라

여래비　유대인상　　명일체신통지혜운
如來鼻에 有大人相하니 名一切神通智慧雲이라

청정묘보　이위장엄　중보색광　미부기
淸淨妙寶로 以爲莊嚴하고 衆寶色光이 彌覆其

상　어중　출현무량화불　좌보련화
上이어든 於中에 出現無量化佛이 坐寶蓮華하야

왕제세계　위일체보살　일체중생　연
往諸世界하사 爲一切菩薩과 一切衆生하야 演

여래의 눈에 거룩한 모습이 있으니 이름이 '자재하게 널리 보는 구름'이다. 온갖 미묘한 보배로 장엄하였고, 마니보배 광명이 청정하고 밝게 사무쳐 일체를 널리 보는 데 모두 장애가 없다. 이것이 서른넷이다.

여래의 코에 거룩한 모습이 있으니 이름이 '일체 신통한 지혜 구름'이다. 청정하고 미묘한 보배로 장엄하였고, 온갖 보배 빛이 그 위를 가득 덮었으며, 그 가운데서 한량없는 화신 부처님께서 출현하시는데, 보배 연꽃에 앉아 모든 세계에 가서 일체 보살과 일체 중생을

부사의제불법해　시위삼십오
不思議諸佛法海가 **是爲三十五**니라

여래설　유대인상　명시현음성영상운
如來舌에 **有大人相**하니 **名示現音聲影像雲**이라

중색묘보　이위장엄　숙세선근지소성취
衆色妙寶로 **以爲莊嚴**하니 **宿世善根之所成就**라

기설　광장　변부일체제세계해　여래
其舌이 **廣長**하야 **徧覆一切諸世界海**하나니 **如來**가

약혹희이미소　필방일체마니보광　기광
若或熙怡微笑에 **必放一切摩尼寶光**하사 **其光**이

보조시방법계　능령일체　심득청량　거
普照十方法界하야 **能令一切**로 **心得淸涼**하며 **去**

래현재소유제불　개어광중　병연현현　실
來現在所有諸佛이 **皆於光中**에 **炳然顯現**하사 **悉**

위하여 부사의한 모든 부처님 법바다를 연설
하신다. 이것이 서른다섯이다.

여래의 혀에 거룩한 모습이 있으니 이름이
'음성과 영상을 나타내는 구름'이다. 온갖 빛
미묘한 보배로 장엄하였으니, 지난 세상의 선
근으로 이루어진 것이며, 그 혀가 넓고 커서
일체 모든 세계바다를 두루 덮었다. 여래께서
만약 기쁘게 미소를 지으시면 반드시 일체 마
니보배 광명을 놓으며 그 광명이 시방 법계를
널리 비추어 능히 일체로 하여금 마음이 청량
함을 얻게 하고, 과거와 미래와 현재에 계시는

연광대미묘지음　　변일체찰　　주무량겁
演廣大微妙之音하사　偏一切刹하야　住無量劫이

시위삼십육
是爲三十六이니라

여래설　　부유대인상　　명법계운　　기장
如來舌에　復有大人相하니　名法界雲이라　其掌이

안평　　중보위엄　　방묘보광　　색상원만
安平하야　衆寶爲嚴하고　放妙寶光하니　色相圓滿이

유여미간소방광명　　기광　　보조일체불찰
猶如眉間所放光明이라　其光이　普照一切佛刹이

유진소성　　무유자성　　광중　　부현무량제
唯塵所成이라　無有自性하고　光中에　復現無量諸

불　　함발묘음　　설일체법　　시위삼십칠
佛이　咸發妙音하야　說一切法이　是爲三十七이니라

모든 부처님께서 모두 광명 속에 찬란하게 나
타나 다 광대하고 미묘한 음성을 내어 일체 세
계에 두루하여 한량없는 겁을 머무르신다. 이
것이 서른여섯이다.

여래의 혀에 또 거룩한 모습이 있으니 이름
이 '법계 구름'이다. 그 혓바닥이 반듯하고 온
갖 보배로 장엄하였으며, 미묘한 보배 광명을
놓으니 색상이 원만하여 마치 미간에서 놓는
광명과 같아서 그 빛이 일체 부처님 세계를 널
리 비추며, 오직 티끌로 이루어진 바라 자체
성품이 없고, 광명 속에 다시 한량없는 모든
부처님께서 나타나 다 미묘한 음성을 내어 일

여래설단 유대인상 명조법계광명운 여
如來舌端에 有大人相하니 名照法界光明雲이라 如

의보왕 이위장엄 자연항출금색보염
意寶王으로 以爲莊嚴하고 自然恒出金色寶燄하야

어중 영현일체불해 부진묘음 충만일
於中에 影現一切佛海하며 復震妙音하야 充滿一

체무변세계 일일음중 구일체음 실연묘
切無邊世界호대 一一音中에 具一切音하야 悉演妙

법 청자심열 경무량겁 완미불망 시
法하니 聽者心悅하야 經無量劫토록 玩味不忘이 是

위삼십팔
爲三十八이니라

여래설단 부유대인상 명조요법계운
如來舌端에 復有大人相하니 名照耀法界雲이라

마니보왕 이위엄식 연중색상미묘광
摩尼寶王으로 以爲嚴飾하고 演衆色相微妙光

체 법을 설하신다. 이것이 서른일곱이다.

여래의 혀끝에 거룩한 모습이 있으니 이름이 '법계를 비추는 광명 구름'이다. 여의보배왕으로 장엄하였고, 금빛 보배 불꽃이 자연히 항상 나오며 그 가운데 일체 부처님바다가 그림자처럼 나타나고, 다시 미묘한 음성으로 진동하여 일체 가없는 세계에 가득하며, 낱낱 음성 가운데 일체 음성을 구족하여 미묘한 법을 다 연설하니 듣는 자의 마음이 기뻐 한량없는 겁을 지나도록 깊이 음미하여 잊지 아니한다. 이것이 서른여덟이다.

명　　　충만시방무량국토　　　진우법계　　　미
明하야 充滿十方無量國土호대 盡于法界하야 靡

불청정　　　어중　　실유무량제불　급제보
不淸淨이어든 於中에 悉有無量諸佛과 及諸菩

살　　각토묘음　　　종종개시　　일체보살　　현
薩이 各吐妙音하야 種種開示에 一切菩薩이 現

전청수　시위삼십구
前聽受가 是爲三十九니라

여래구상악　　유대인상　　　명시현부사의법
如來口上齶에 有大人相하니 名示現不思議法

계운　　　인다라보　　비유리보　　이위장엄
界雲이라 因陀羅寶와 毗瑠璃寶로 以爲莊嚴하고

방향등염청정광운　　　충만시방일체법계
放香燈燄淸淨光雲하야 充滿十方一切法界하며

여래의 혀끝에 또 거룩한 모습이 있으니 이름이 '법계를 밝게 비추는 구름'이다. 마니보배왕으로 장엄하게 꾸미었고, 온갖 색상과 미묘한 광명을 펼쳐 시방의 한량없는 국토에 가득하였는데, 온 법계가 청정하지 않음이 없으며 그 가운데 한량없는 모든 부처님과 그리고 모든 보살들이 다 있어 각각 미묘한 음성을 내어 갖가지로 열어 보임에 일체 보살이 그 앞에서 듣고 받아들인다. 이것이 서른아홉이다.

여래의 입 윗잇몸에 거룩한 모습이 있으니 이름이 '부사의한 법계를 나타내 보이는 구름'

시현종종신통방편　　보어일체제세계해
示現種種神通方便하야　普於一切諸世界海에

개연심심부사의법　　시위사십
開演甚深不思議法이　是爲四十이니라

여래구우보하아　　유대인상　　　명불아운
如來口右輔下牙에　有大人相하니　名佛牙雲이라

중보마니만자상륜　　　이위장엄　　　방대광
衆寶摩尼卍字相輪으로　以爲莊嚴하고　放大光

명　　　보조법계　　　어중　　보현일체불신
明하야　普照法界어든　於中에　普現一切佛身이

주류시방　　개오군생　　시위사십일
周流十方하야　開悟群生이　是爲四十一이니라

여래구우보상아　　유대인상　　　명보염미로
如來口右輔上牙에　有大人相하니　名寶燄彌盧

이다. 인다라 보배와 비유리 보배로 장엄하였고, 향 등불 불꽃 청정한 광명 구름을 놓아 시방 일체 법계에 가득하여 갖가지 신통과 방편을 나타내 보이며, 널리 일체 모든 세계바다에서 매우 깊어 부사의한 법을 연설한다. 이것이 마흔이다.

여래의 입 오른쪽 뺨 아래 어금니에 거룩한 모습이 있으니 이름이 '부처님 어금니 구름'이다. 온갖 보배 마니로 된 '만'자 모양의 바퀴로 장엄하였고, 큰 광명을 놓아 법계를 널리 비추며, 그 가운데 일체 부처님의 몸을 널리 나

장운　　마니보장　　이위장엄　　방금강향
藏雲이라 摩尼寶藏으로 以爲莊嚴하고 放金剛香

염청정광명　　일일광명　　충만법계　　시
燄清淨光明하야 一一光明이 充滿法界하야 示

현일체제불신력　　부현일체시방세계정묘
現一切諸佛神力하며 復現一切十方世界淨妙

도량　　시위사십이
道場이 是爲四十二니라

여래구좌보하아　　유대인상　　명보등보조
如來口左輔下牙에 有大人相하니 名寶燈普照

운　　일체묘보서화발향　　이위장엄　　방
雲이라 一切妙寶舒華發香으로 以爲莊嚴하고 放

등염운청정광명　　충만일체제세계해
燈燄雲清淨光明하야 充滿一切諸世界海어든

어중　　현현일체제불　　좌연화장사자지좌
於中에 顯現一切諸佛이 坐蓮華藏師子之座하사

타내어 시방에 두루 퍼져 중생들을 깨우친다. 이것이 마흔하나이다.

여래의 입 오른쪽 뺨 위 어금니에 거룩한 모습이 있으니 이름이 '보배 불꽃 미로장 구름'이다. 마니보배 창고로 장엄하였고, 금강 향 불꽃과 청정한 광명을 놓으니 낱낱 광명이 법계에 가득하여 일체 모든 부처님의 위신력을 나타내 보이고, 다시 일체 시방세계의 청정하고 미묘한 도량을 나타낸다. 이것이 마흔둘이다.

여래의 입 왼쪽 뺨 아래 어금니에 거룩한 모습이 있으니 이름이 '보배 등불 널리 비추는 구름'이다. 일체 미묘한 보배가 꽃을 피워서

제보살중　소공위요　시위사십삼
諸菩薩衆의 所共圍遶가 是爲四十三이니라

여래구좌보상아　유대인상　　명조현여
如來口左輔上牙에 有大人相하니 名照現如

래운　　청정광명염부단금보망보화　이위
來雲이라 淸淨光明閻浮檀金寶網寶華로 以爲

장엄　　방대염륜　　충만법계　　어중　보
莊嚴하고 放大燄輪하야 充滿法界어든 於中에 普

현일체제불　이신통력　　어허공중　유포
現一切諸佛이 以神通力으로 於虛空中에 流布

법유법등법보　　교화일체제보살중　시위
法乳法燈法寶하사 敎化一切諸菩薩衆이 是爲

사십사
四十四니라

향을 풍기는 것으로 장엄하였고, 등불 불꽃 구름의 청정한 광명을 놓아 일체 모든 세계바다에 가득하며, 그 가운데 일체 모든 부처님께서 연화장 사자좌에 앉으셔서 모든 보살 대중들이 함께 둘러 모신 것을 나타낸다. 이것이 마흔셋이다.

여래의 입 왼쪽 뺨 위 어금니에 거룩한 모습이 있으니 이름이 '여래를 비추어 나타내는 구름'이다. 청정한 광명과 염부단금과 보배 그물과 보배 꽃으로 장엄하였고, 큰 불꽃 바퀴를 놓아 법계에 가득하며, 그 가운데 일체 모든 부처님께서 널리 나타나 신통력으로 허공 가

여래치　유대인상　　명보현광명운　　일일
如來齒에 有大人相하니 名普現光明雲이라 一一

치간　　상해장엄　　약미소시　　실방광명
齒閒에 相海莊嚴하야 若微笑時엔 悉放光明호대

구중보색　　마니보염　　우선완전　　유포
具衆寶色하야 摩尼寶燄이 右旋宛轉하야 流布

법계　　미불충만　　연불언음　　설보현
法界하야 靡不充滿하며 演佛言音하야 說普賢

행　시위사십오
行이 是爲四十五니라

여래순　유대인상　　명영현일체보광운
如來脣에 有大人相하니 名影現一切寶光雲이라

방염부단진금색　연화색　일체보색　광대
放閻浮檀眞金色과 蓮華色과 一切寶色의 廣大

운데 법의 젖과 법의 등불과 법의 보배를 유
포하여 일체 모든 보살 대중들을 교화하신다.
이것이 마흔넷이다.

여래의 치아에 거룩한 모습이 있으니 이름
이 '광명을 널리 나타내는 구름'이다. 낱낱 치
아 사이를 몸모습바다로 장엄하였고, 만약 미
소를 지으실 때에는 모두 광명을 놓는데 온갖
보배 빛과 마니보배 불꽃을 갖추고 오른쪽으
로 돌면서 법계에 널리 퍼져서 가득 차지 않음
이 없으며 부처님의 음성을 내어 보현행을 설
한다. 이것이 마흔다섯이다.

광명　　　조우법계　　　실령청정　　시위사십
光明하야 照于法界하야 悉令淸淨이 是爲四十

육
六이니라

여래경　　유대인상　　　명보조일체세계운
如來頸에 有大人相하니 名普照一切世界雲이라

마니보왕　　　이위장엄　　　감포성취　　　유
摩尼寶王으로 以爲莊嚴호대 紺蒲成就하야　柔

연세활　　　방비로자나청정광명　　　충만시
輭細滑하며 放毗盧遮那淸淨光明하야 充滿十

방일체세계　　어중　　보현일체제불　　시위
方一切世界어든 於中에 普現一切諸佛이 是爲

사십칠
四十七이니라

여래의 입술에 거룩한 모습이 있으니 이름이 '일체 보배 빛을 그림자로 나타내는 구름'이다. 염부단 진금색과 연꽃색과 일체 보배색의 광대한 광명을 놓아 법계를 비추어 모두 청정하게 한다. 이것이 마흔여섯이다.

여래의 목에 거룩한 모습이 있으니 이름이 '일체 세계를 널리 비추는 구름'이다. 마니보배왕으로 장엄하였고, 감포를 성취하여 부드럽고 매끄러우며, 비로자나의 청정한 광명을 놓아 시방 일체 세계에 가득하고, 그 가운데 일체 모든 부처님을 널리 나타낸다. 이것이 마

여래우견　　유대인상　　　명불광대일체보
如來右肩에　有大人相하니　名佛廣大一切寶

운　　　방일체보색진금색연화색광명　　　성
雲이라　放一切寶色眞金色蓮華色光明하야　成

보염망　　　보조법계　　　어중　　　보현일체보
寶燄網하야　普照法界하고　於中에　普現一切菩

살　　시위사십팔
薩이　是爲四十八이니라

여래우견　　부유대인상　　　명최승보보조
如來右肩에　復有大人相하니　名最勝寶普照

운　　　기색　　청정　　　여염부금　　　방마니
雲이라　其色이　淸淨하야　如閻浮金하고　放摩尼

광　　　충만법계　　　어중　　　보현일체보살
光하야　充滿法界어든　於中에　普現一切菩薩이

시위사십구
是爲四十九니라

흔일곱이다.

여래의 오른쪽 어깨에 거룩한 모습이 있으니 이름이 '부처님의 광대한 일체 보배 구름'이다. 일체 보배색과 진금색과 연꽃색 광명을 놓아 보배 불꽃 그물을 이루어 법계에 널리 비추고, 그 가운데 일체 보살을 널리 나타낸다. 이것이 마흔여덟이다.

여래의 오른쪽 어깨에 다시 거룩한 모습이 있으니 이름이 '가장 수승한 보배를 널리 비추는 구름'이다. 그 색이 청정하여 염부단금과 같고, 마니 광명을 놓아 법계에 가득하며,

여래좌견　유대인상　명최승광조법계
如來左肩에 有大人相하니 名最勝光照法界

운　　유여정상　급이미간종종장엄　방
雲이라 猶如頂上과 及以眉間種種莊嚴하고 放

염부단금　급연화색중보광명　성대염
閻浮檀金과 及蓮華色衆寶光明하야 成大燄

망　충만법계　어중　시현일체신력
網하야 充滿法界어든 於中에 示現一切神力이

시위오십
是爲五十이니라

여래좌견　부유대인상　명광명변조운
如來左肩에 復有大人相하니 名光明徧照雲이라

기상　우선　염부단금색마니보왕　이
其相이 右旋하야 閻浮檀金色摩尼寶王으로 以

위장엄　방중보화향염광명　충변법계
爲莊嚴하고 放衆寶華香燄光明하야 充徧法界어든

그 가운데 일체 보살을 널리 나타낸다. 이것이 마흔아홉이다.

여래의 왼쪽 어깨에 거룩한 모습이 있으니 이름이 '가장 수승한 빛으로 법계를 비추는 구름'이다. 마치 정수리 위와 미간의 갖가지 장엄과 같고, 염부단금과 연꽃색인 온갖 보배 광명을 놓아서 큰 불꽃 그물을 이루어 법계에 가득하며, 그 가운데 일체 위신력을 나타내 보인다. 이것이 쉰이다.

여래의 왼쪽 어깨에 다시 거룩한 모습이 있으니 이름이 '광명이 두루 비추는 구름'이다. 그 모양이 오른쪽으로 돌아서 염부단금색 마

어중　　보현일체제불　　급이일체엄정국토
於中에 普現一切諸佛과 及以一切嚴淨國土가

시위오십일
是爲五十一이니라

여래좌견　　부유대인상　　　명보조요운
如來左肩에 復有大人相하니 名普照耀雲이라

기상　　우선　　미밀장엄　　방불등염운청
其相이 右旋하야 微密莊嚴하고 放佛燈燄雲清

정광명　　충변법계　　어중　　현현일체보
淨光明하야 充徧法界어든 於中에 顯現一切菩

살　종종장엄　실개묘호　시위오십이
薩의 種種莊嚴이 悉皆妙好가 是爲五十二니라

여래흉억　　유대인상　　형여만자　　명길
如來胷臆에 有大人相하야 形如卐字하니 名吉

니보배왕으로 장엄하였고, 온갖 보배 꽃과 향기 불꽃 광명을 놓아 법계에 가득하였으며, 그 가운데 일체 모든 부처님과 그리고 일체 깨끗이 장엄한 국토를 널리 나타낸다. 이것이 쉰하나이다.

여래의 왼쪽 어깨에 다시 거룩한 모습이 있으니 이름이 '널리 밝게 비추는 구름'이다. 그 모양이 오른쪽으로 돌아서 미세하고 정밀하게 장엄하였고, 부처님 등불 불꽃 구름과 청정한 광명을 놓아서 온 법계에 가득하였으며, 그 가운데 일체 보살의 갖가지 장엄을 나타내어 모두 다 미묘하고 아름답다. 이것이 쉰둘이다.

상해운　　마니보화　　이위장엄　　방일체
祥海雲이라 摩尼寶華로 以爲莊嚴하고 放一切

보색종종광염륜　　충만법계　　보령청정
寶色種種光燄輪하야 充滿法界하야 普令淸淨하며

부출묘음　　선창법해　　시위오십삼
復出妙音하야 宣暢法海가 是爲五十三이니라

길상상우변　　유대인상　　명시현광조운
吉祥相右邊에 有大人相하니 名示現光照雲이라

인다라망　　이위장엄　　방대광륜　　충만법
因陀羅網으로 以爲莊嚴하야 放大光輪하고 充滿法

계　　어중　　보현무량제불　　시위오십사
界어든 於中에 普現無量諸佛이 是爲五十四니라

길상상우변　　부유대인상　　명보현여래
吉祥相右邊에 復有大人相하니 名普現如來

운　　이제보살마니보관　　이위장엄　　방
雲이라 以諸菩薩摩尼寶冠으로 而爲莊嚴하고 放

여래의 가슴에 거룩한 모습이 있으니 형상이 '만'자와 같고 이름은 '길상 바다 구름'이다. 마니보배 꽃으로 장엄하였고, 일체 보배색 갖가지 광명 불꽃 바퀴를 놓아 법계에 가득하여 널리 청정하게 하고, 다시 미묘한 음성을 내어 법바다를 선양한다. 이것이 쉰셋이다.

길상 형상 오른쪽에 거룩한 모습이 있으니 이름이 '광명을 나타내 보여 비추는 구름'이다. 인다라 그물로 장엄하였고, 큰 광명 바퀴를 놓아 법계에 가득하며, 그 가운데 한량없는 모든 부처님을 널리 나타낸다. 이것이 쉰넷이다.

길상 형상 오른쪽에 다시 거룩한 모습이 있

대광명　　보조시방일체세계　　실령청정
大光明하야 普照十方一切世界하야 悉令淸淨하며

어중　　시현거래금불　　좌어도량　　보현신
於中에 示現去來今佛이 坐於道場하사 普現神

력　　광선법해　　시위오십오
力하야 廣宣法海가 是爲五十五니라

길상상우변　　부유대인상　　명개부화운
吉祥相右邊에 復有大人相하니 名開敷華雲이라

마니보화　　이위장엄　　방보향염등청정
摩尼寶華로 以爲莊嚴하고 放寶香燄燈淸淨

광명　　상여연화　　충만세계　　시위오십
光明호대 狀如蓮華하야 充滿世界가 是爲五十

육
六이니라

길상상우변　　부유대인상　　명가열락금
吉祥相右邊에 復有大人相하니 名可悅樂金

으니 이름이 '여래를 널리 나타내는 구름'이
다. 모든 보살들의 마니보배 관으로 장엄하였
고, 큰 광명을 놓아 시방의 일체 세계를 널리
비추어 다 청정하게 하며, 그 가운데 과거와
미래와 현재의 부처님께서 도량에 앉아서 위신
력을 널리 나타내어 법바다를 널리 펴시는 것
을 나타내 보인다. 이것이 쉰다섯이다.

길상 형상 오른쪽에 다시 거룩한 모습이 있
으니 이름이 '꽃을 피우는 구름'이다. 마니보
배 꽃으로 장엄하였고, 보배 향 불꽃 등불의
청정한 광명을 놓으니 형상이 연꽃 같고 세계
에 가득하다. 이것이 쉰여섯이다.

색운   이일체보심왕장마니왕   이위
色雲이라 以一切寶心王藏摩尼王으로 而爲

장엄   방정광명   조우법계   어중보
莊嚴하고 放淨光明하야 照于法界하야 於中普

현   유여불안   광대광명마니보장   시위
現이 猶如佛眼의 廣大光明摩尼寶藏이 是爲

오십칠
五十七이니라

길상상우변   부유대인상   명불해운
吉祥相右邊에 復有大人相하니 名佛海雲이라

비유리보향등화만   이위장엄   방만허
毗瑠璃寶香燈華鬘으로 以爲莊嚴하고 放滿虛

공마니보왕향등대염청정광명   충변시
空摩尼寶王香燈大燄淸淨光明하야 充徧十

방일체국토   어중   보현도량중회   시위
方一切國土어든 於中에 普現道場衆會가 是爲

길상 형상 오른쪽에 다시 거룩한 모습이 있으니 이름이 '기쁘고 즐거운 금빛 구름'이다. 일체 보배 마음왕 창고 마니왕으로 장엄하였고, 깨끗한 광명을 놓아 법계를 비추며, 그 가운데 마치 부처님 눈같이 넓고 큰 광명인 마니보배 창고를 널리 나타낸다. 이것이 쉰일곱이다.

길상 형상 오른쪽에 다시 거룩한 모습이 있으니 이름이 '부처님바다 구름'이다. 비유리보배 향 등불 화만으로 장엄하였고, 허공에 가득한 마니보배왕 향 등불의 큰 불꽃 청정한 광명을 놓아 시방의 일체 국토에 가득하며, 그 가운데 도량에 모인 대중들을 널리 나타낸

오 십 팔
五十八이니라

길상상좌변　유대인상　　명시현광명운
吉祥相左邊에　有大人相하니　名示現光明雲이라

무수보살좌보련화　이위장엄　　방마니왕
無數菩薩坐寶蓮華로　以爲莊嚴하고　放摩尼王

종종간착보염광명　　보정일체제법계해
種種間錯寶燄光明하야　普淨一切諸法界海어든

어중　시현무량제불　급불묘음　연설제
於中에　示現無量諸佛과　及佛妙音으로　演說諸

법　시위오십구
法이　是爲五十九니라

길상상좌변　부유대인상　　명시현변법계
吉祥相左邊에　復有大人相하니　名示現徧法界

광명운　마니보해　이위장엄　방대광
光明雲이라　摩尼寶海로　以爲莊嚴하고　放大光

다. 이것이 쉰여덟이다.

길상 형상 왼쪽에 거룩한 모습이 있으니 이름이 '광명을 나타내 보이는 구름'이다. 수없는 보살들이 앉아 있는 보배 연꽃으로 장엄하였고, 마니왕이 갖가지로 사이사이에 섞인 보배 불꽃 광명을 놓아 일체 모든 법계바다를 널리 청정히 하며, 그 가운데 한량없는 모든 부처님과 및 부처님의 미묘한 음성을 나타내 보여 모든 법을 연설한다. 이것이 쉰아홉이다.

길상 형상 왼쪽에 다시 거룩한 모습이 있으니 이름이 '법계에 두루한 광명을 나타내 보이는 구름'이다. 마니보배바다로 장엄하였고, 큰

명 변일체찰 어중 보현제보살중
明_{하야} 徧一切刹_{이어든} 於中_에 普現諸菩薩衆_이

시위육십
是爲六十_{이니라}

길상상좌변 부유대인상 명보승운
吉祥相左邊_에 復有大人相_{하니} 名普勝雲_{이라}

일광명마니왕보륜만 이위장엄 방대
日光明摩尼王寶輪鬘_{으로} 而爲莊嚴_{하고} 放大

광염 충만법계제세계해 어중 시현
光燄_{하야} 充滿法界諸世界海_{어든} 於中_에 示現

일체세계 일체여래 일체중생 시위육
一切世界_와 一切如來_와 一切衆生_이 是爲六

십일
十一_{이니라}

길상상좌변 부유대인상 명전법륜묘음
吉祥相左邊_에 復有大人相_{하니} 名轉法輪妙音

광명을 놓아 일체 세계에 두루하며, 그 가운데 모든 보살 대중들을 널리 나타낸다. 이것이 예순이다.

길상 형상 왼쪽에 다시 거룩한 모습이 있으니 이름이 '널리 수승한 구름'이다. 태양광명 마니왕 보배 바퀴와 화만으로 장엄하였고, 큰 광명 불꽃을 놓아 법계의 모든 세계바다에 가득하며, 그 가운데 일체 세계와 일체 여래와 일체 중생을 나타내 보인다. 이것이 예순 하나이다.

길상 형상 왼쪽에 다시 거룩한 모습이 있으니 이름이 '법륜을 굴리는 미묘한 음성 구름'이다. 일체 법 등불과 청정한 향기 꽃술로 장

운　　일체법등청정향예　이위장엄　　방
雲이라 一切法燈淸淨香藥로 以爲莊嚴하고 放

대광명　　충만법계　　어중　　보현일체제
大光明하야 充滿法界어든 於中에 普現一切諸

불　소유상해　급이심해　시위육십이
佛의 所有相海와 及以心海가 是爲六十二니라

길상상좌변　　부유대인상　　명장엄운
吉祥相左邊에 復有大人相하니 名莊嚴雲이라

이거래금일체불해　　이위장엄　　방정광
以去來今一切佛海로 而爲莊嚴하고 放淨光

명　　엄정일체제불국토　　어중　　보현시
明하야 嚴淨一切諸佛國土어든 於中에 普現十

방일체제불보살　　급불보살소행지행　　시
方一切諸佛菩薩과 及佛菩薩所行之行이 是

위육십삼
爲六十三이니라

엄하였고, 큰 광명을 놓아 법계에 가득하며, 그 가운데 일체 모든 부처님께서 지니신 몸모 습바다와 그리고 마음바다를 널리 나타낸다. 이것이 예순둘이다.

길상 형상 왼쪽에 다시 거룩한 모습이 있으니 이름이 '장엄한 구름'이다. 과거와 미래와 현재의 일체 부처님바다로 장엄하였고, 청정한 광명을 놓아 일체 모든 부처님 국토를 깨끗하게 장엄하며, 그 가운데 시방의 일체 모든 부처님과 보살들과 그리고 부처님과 보살의 행 하던 행을 널리 나타낸다. 이것이 예순셋이다.

여래우수　유대인상　　명해조운　　중보
如來右手에 有大人相하니 名海照雲이라 衆寶

장엄　　항방월염청정광명　　충만허공일
莊嚴하고 恒放月燄淸淨光明하야 充滿虛空一

체세계　　발대음성　　탄미일체제보살행
切世界어든 發大音聲하야 歎美一切諸菩薩行이

시위육십사
是爲六十四니라

여래우수　부유대인상　　명영현조요운
如來右手에 復有大人相하니 名影現照耀雲이라

이비유리제청마니보화　이위장엄　　방대
以毗瑠璃帝靑摩尼寶華로 而爲莊嚴하고 放大

광명　　보조시방보살소주연화장마니장등
光明하야 普照十方菩薩所住蓮華藏摩尼藏等

일체세계　어중　실현무량제불　이정법
一切世界어든 於中에 悉現無量諸佛이 以淨法

여래의 오른손에 거룩한 모습이 있으니 이름이 '바다를 비추는 구름'이다. 온갖 보배로 장엄하였고, 달 불꽃의 청정한 광명을 항상 놓아 허공과 일체 세계에 가득하며, 큰 음성을 내어 일체 모든 보살의 행을 찬탄한다. 이것이 예순넷이다.

여래의 오른손에 다시 거룩한 모습이 있으니 이름이 '그림자로 나타내어 밝게 비추는 구름'이다. 비유리 제청 마니보배 꽃으로 장엄하였고, 큰 광명을 놓아 시방의 보살들이 머무르는 바 연화장과 마니장 등 일체 세계를 널리 비추며, 그 가운데 한량없는 모든 부처님께서

신　　　　　좌보리수　　　　진동일체시방국토　　　시
身으로　坐菩提樹하사　震動一切十方國土가　是

위육십오
爲六十五니라

여래우수　　　부유대인상　　　　명등염만보엄정
如來右手에　復有大人相하니　名燈燄鬘普嚴淨

운　　　　비로자나보　　　이위장엄　　　　방대광명
雲이라　毗盧遮那寶로　以爲莊嚴하고　放大光明하야

성변화망　　　　어중　　　보현제보살중　　　함대
成變化網이어든　於中에　普現諸菩薩衆이　咸戴

보관　　　연제행해　　시위육십육
寶冠하고　演諸行海가　是爲六十六이니라

여래우수　　　부유대인상　　　　명보현일체마니
如來右手에　復有大人相하니　名普現一切摩尼

운　　　연화염등　　　이위장엄　　　방해장광
雲이라　蓮華燄燈으로　而爲莊嚴하고　放海藏光하야

청정한 법신으로 보리수 아래 앉아서 일체 시방의 국토를 진동하심을 다 나타낸다. 이것이 예순다섯이다.

여래의 오른손에 다시 거룩한 모습이 있으니 이름이 '등불 불꽃 화만으로 널리 청정하게 장엄한 구름'이다. 비로자나 보배로 장엄하였고, 큰 광명을 놓아 변화의 그물을 이루며, 그 가운데 모든 보살 대중들이 다 보배 관을 쓰고 모든 행의 바다를 폄을 널리 나타낸다. 이것이 예순여섯이다.

여래의 오른손에 다시 거룩한 모습이 있으니 이름이 '일체 마니를 널리 나타내는 구름'이

充편법계

充徧法界_{어든} 於中_에 普現無量諸佛_이 坐蓮華

座_가 是爲六十七_{이니라}

如來右手_에 復有大人相_{하니} 名光明雲_{이라} 摩

尼燄海_로 以爲莊嚴_{하고} 放衆寶燄香燄華燄淸

淨光明_{하야} 充滿一切諸世界網_{이어든} 於中_에 普

現諸佛道場_이 是爲六十八_{이니라}

如來左手_에 有大人相_{하니} 名毗瑠璃淸淨燈

雲_{이라} 寶地妙色_{으로} 以爲莊嚴_{하고} 放於如來金

다. 연화 불꽃 등불로 장엄하였고, 바다 창고 광명을 놓아 법계에 가득하며, 그 가운데 한량없는 모든 부처님께서 연화좌에 앉아 계심을 널리 나타낸다. 이것이 예순일곱이다.

여래의 오른손에 다시 거룩한 모습이 있으니, 이름이 '광명 구름'이다. 마니 불꽃바다로 장엄하였고, 온갖 보배 불꽃과 향 불꽃과 꽃 불꽃의 청정한 광명을 놓아 일체 모든 세계 그물에 가득하며, 그 가운데 모든 부처님의 도량을 널리 나타낸다. 이것이 예순여덟이다.

여래의 왼손에 거룩한 모습이 있으니 이름이 '비유리 청정한 등불 구름'이다. 보배 땅의

색광명   염념상현일체상묘장엄지구   시
色光明하야 念念常現一切上妙莊嚴之具가 是

위육십구
爲六十九니라

여래좌수   부유대인상   명일체찰지혜등
如來左手에 復有大人相하니 名一切刹智慧燈

음성운   이인다라망금강화   이위장엄
音聲雲이라 以因陀羅網金剛華로 而爲莊嚴하고

방염부단금청정광명   보조시방일체세계
放閻浮檀金淸淨光明하야 普照十方一切世界가

시위칠십
是爲七十이니라

여래좌수   부유대인상   명안주보련화광
如來左手에 復有大人相하니 名安住寶蓮華光

명운   중보묘화   이위장엄   방대광
明雲이라 衆寶妙華로 以爲莊嚴하고 放大光

미묘한 빛으로 장엄하였고, 여래의 금색 광명을 놓아 생각생각마다 일체 가장 미묘한 장엄거리를 항상 나타낸다. 이것이 예순아홉이다.

여래의 왼손에 다시 거룩한 모습이 있으니 이름이 '일체 세계 지혜 등불 음성 구름'이다. 인다라 그물 금강 꽃으로 장엄하였고, 염부단금의 청정한 광명을 놓아 시방의 일체 세계를 널리 비춘다. 이것이 일흔이다.

여래의 왼손에 다시 거룩한 모습이 있으니 이름이 '보배 연꽃에 편안히 머무르는 광명 구름'이다. 온갖 보배 미묘한 꽃으로 장엄하였고, 큰

명　　　여수미등　　　보조시방일체세계　　시
明호대 如須彌燈하야 普照十方一切世界가 是

위칠십일
爲七十一이니라

여래좌수　　부유대인상　　　명변조법계운
如來左手에 復有大人相하니 名徧照法界雲이라

이묘보만보륜보병　　인다라망　　급중묘상
以妙寶鬘寶輪寶瓶과 因陀羅網과 及衆妙相으로

이위장엄　　　방대광명　　　보조시방일체국
以爲莊嚴하고 放大光明하야 普照十方一切國

토　　어중　　시현일체법계　　일체세계해
土어든 於中에 示現一切法界와 一切世界海에

일체여래　　좌연화좌　　시위칠십이
一切如來가 坐蓮華座가 是爲七十二니라

광명을 놓으니 수미산 등불과 같아서 시방의 일체 세계를 널리 비춘다. 이것이 일흔하나이다.

여래의 왼손에 다시 거룩한 모습이 있으니 이름이 '법계를 두루 비추는 구름'이다. 미묘한 보배 화만과 보배 바퀴와 보배 병과 인다라 그물과 그리고 온갖 미묘한 모양으로 장엄하였고, 큰 광명을 놓아 시방의 일체 국토를 널리 비추며, 그 가운데 일체 법계와 일체 세계바다에 일체 여래께서 연화좌에 앉아 계심을 나타내 보인다. 이것이 일흔둘이다.

여래우수지　　유대인상　　　명현제겁찰해선
如來右手指에　有大人相하니　名現諸劫刹海旋

운　　　수월염장마니왕일체보화　　이위장
雲이라　水月燄藏摩尼王一切寶華로　以爲莊

엄　　　방대광명　　　충만법계　　기중　　항출
嚴하고　放大光明하야　充滿法界어든　其中에　恒出

미묘음성　　　만시방찰　　시위칠십삼
微妙音聲하야　滿十方刹이　是爲七十三이니라

여래좌수지　　유대인상　　　명안주일체보
如來左手指에　有大人相하니　名安住一切寶

운　　　이제청금강보　　이위장엄　　방마니
雲이라　以帝靑金剛寶로　而爲莊嚴하고　放摩尼

왕중보광명　　　충만법계　　기중　　보현일
王衆寶光明하야　充滿法界어든　其中에　普現一

체제불　　급제보살　　시위칠십사
切諸佛과　及諸菩薩이　是爲七十四니라

여래의 오른 손가락에 거룩한 모습이 있으니 이름이 '모든 겁과 세계바다를 나타내는 돌림 구름'이다. 수월 불꽃 창고 마니왕 일체 보배 꽃으로 장엄하였고, 큰 광명을 놓아 법계에 가득하며, 그 가운데서 미묘한 음성을 항상 내어 시방세계에 가득하다. 이것이 일흔셋이다.

여래의 왼 손가락에 거룩한 모습이 있으니 이름이 '일체 보배에 편안히 머무르는 구름'이다. 제청 금강 보배로 장엄하였고, 마니왕 온갖 보배 광명을 놓아 법계에 가득하며, 그 가운데서 일체 모든 부처님과 모든 보살들을 널리 나타낸다. 이것이 일흔넷이다.

여래우수장　　유대인상　　　명조요운　　　이마
如來右手掌에　有大人相하니　名照耀雲이라　以摩

니왕천폭보륜　　　이위장엄　　　방보광명　　기
尼王千輻寶輪으로　而爲莊嚴하고　放寶光明에　其

광　　우선　　　충만법계　　　어중　　보현일체
光이　右旋하야　充滿法界어든　於中에　普現一切

제불　　일일불신　　광염치연　　　설법도인
諸佛의　一一佛身이　光燄熾然하야　說法度人하야

정제세계　　시위칠십오
淨諸世界가　是爲七十五니라

여래좌수장　　유대인상　　　명염륜보증장화
如來左手掌에　有大人相하니　名燄輪普增長化

현법계도량운　　　이일광마니왕천폭륜
現法界道場雲이라　以日光摩尼王千輻輪으로

이위장엄　　방대광명　　충만일체제세계
而爲莊嚴하고　放大光明하야　充滿一切諸世界

여래의 오른 손바닥에 거룩한 모습이 있으니 이름이 '밝게 비추는 구름'이다. 마니왕으로 된 천 살 보배 바퀴로 장엄하였고, 보배 광명을 놓으니 그 광명이 오른쪽으로 돌아 법계에 가득하며, 그 가운데 일체 모든 부처님의 낱낱 부처님 몸에 광명 불꽃이 치성하고, 법을 말하고 사람을 제도하여 모든 세계를 깨끗하게 함을 널리 나타낸다. 이것이 일흔다섯이다.

여래의 왼 손바닥에 거룩한 모습이 있으니 이름이 '불꽃 바퀴가 널리 증장하여 법계의 도량을 변화하여 나타내는 구름'이다. 햇빛 마니왕 천 살 바퀴로 장엄하였고, 큰 광명

해　　어중　　시현일체보살　　연설보현소유
海어든 於中에 示現一切菩薩이 演說普賢所有

행해　　　보입일체제불국토　　각각개오무
行海하야 普入一切諸佛國土하야 各各開悟無

량중생　　시위칠십육
量衆生이 是爲七十六이니라

여래음장　　유대인상　　명보유출불음성
如來陰藏에 有大人相하니 名普流出佛音聲

운　　일체묘보　　이위장엄　　방마니등화
雲이라 一切妙寶로 以爲莊嚴하고 放摩尼燈華

염광명　　기광　　치성　　구중보색　　보조
燄光明에 其光이 熾盛하야 具衆寶色하야 普照

일체허공법계　　기중　　보현일체제불　　유
一切虛空法界어든 其中에 普現一切諸佛이 遊

을 놓아 일체 모든 세계바다에 가득하였으며, 그 가운데 일체 보살이 보현에게 있는 바 행바다를 연설해서, 일체 모든 부처님 국토에 널리 들어가 한량없는 중생들을 각각 깨우침을 나타내 보인다. 이것이 일흔여섯이다.

여래의 음장에 거룩한 모습이 있으니 이름이 '부처님 음성을 널리 유출하는 구름'이다. 일체 미묘한 보배로 장엄하였고, 마니 등불 꽃불꽃 광명을 놓으니 그 빛이 치성하여 온갖 보배색을 갖추어 일체 허공 법계를 널리 비추며, 그 가운데 일체 모든 부처님께서 왕래하

행왕래　　처처주변　　시위칠십칠
行往來하야 處處周徧이 是爲七十七이니라

여래우둔　　유대인상　　　명보등만보조운
如來右臀에 有大人相하니 名寶燈鬘普照雲이라

제마니보　　이위장엄　　　방부사의보염광
諸摩尼寶로 以爲莊嚴하고 放不思議寶燄光

명　　　미포시방일체법계　　　여허공법계
明하야 彌布十方一切法界하야 與虛空法界로

동위일상　　이능출생일체제상　　　일일상
同爲一相호대 而能出生一切諸相하야 一一相

중　　실현제불자재신변　　시위칠십팔
中에 悉現諸佛自在神變이 是爲七十八이니라

여래좌둔　　유대인상　　　명시현일체법계해
如來左臀에 有大人相하니 名示現一切法界海

여 다니며 곳곳마다 두루하심을 널리 나타낸
다. 이것이 일흔일곱이다.

　여래의 오른쪽 볼기에 거룩한 모습이 있으
니 이름이 ‘보배 등불 화만의 널리 비추는 구
름’이다. 모든 마니보배로 장엄하였고, 부사의
한 보배 불꽃 광명을 놓아 시방의 일체 법계
에 가득히 퍼져 허공 법계와 더불어 함께 한
모양이 되면서도 능히 일체 모든 모양을 내고,
낱낱 모양 가운데 모든 부처님의 자재한 신통
변화를 다 나타낸다. 이것이 일흔여덟이다.
　여래의 왼쪽 볼기에 거룩한 모습이 있으니

광명미부허공운　　유여연화청정묘보　　이
光明彌覆虛空雲이라 猶如蓮華淸淨妙寶로 以

위엄식　　방광명망　　변조시방일체법계
爲嚴飾하고 放光明網하야 徧照十方一切法界어든

어중　보현종종상운　시위칠십구
於中에 普現種種相雲이 是爲七十九니라

여래우폐　　유대인상　　명보현운　　이
如來右髀에 有大人相하니 名普現雲이라 以

중색마니　　이위장엄　　기폐여천　　상하
衆色摩尼로 而爲莊嚴하고 其髀與腨이 上下

상칭　　방마니염묘법광명　　어일념
相稱하야 放摩尼燄妙法光明하야 於一念

중　능보시현일체보왕　유보상해　시위
中에 能普示現一切寶王의 遊步相海가 是爲

이름이 '일체 법계바다의 광명을 나타내 보여 허공을 두루 덮는 구름'이다. 마치 연꽃처럼 청정하고 미묘한 보배로 장엄하였고, 광명 그물을 놓아 시방의 일체 법계를 두루 비추며, 그 가운데 갖가지 모양의 구름을 널리 나타낸다. 이것이 일흔아홉이다.

여래의 오른쪽 넓적다리에 거룩한 모습이 있으니 이름이 '널리 나타내는 구름'이다. 온갖 색의 마니로 장엄하였고, 그 넓적다리와 장딴지의 위아래가 서로 어울리며, 마니 불꽃 미묘한 법 광명을 놓아 한 생각에 능히 일체 보배

팔 십
八十이니라

여래좌폐　유대인상　　명현일체불무량상
如來左髀에 有大人相하니 名現一切佛無量相

해운　　　일체보해수순안주　이위장엄
海雲이라 一切寶海隨順安住로 以爲莊嚴하고

광대유행　방정광명　　보조중생　　실사
廣大遊行에 放淨光明하야 普照衆生하야 悉使

희구무상불법　시위팔십일
希求無上佛法이 是爲八十一이니라

여래우변이니연녹왕천　유대인상　　명일
如來右邊伊尼延鹿王腨에 有大人相하니 名一

체허공법계운　광명묘보　이위장엄
切虛空法界雲이라 光明妙寶로 以爲莊嚴하니

왕이 다니는 몸모습바다를 널리 나타내 보인다. 이것이 여든이다.

여래의 왼쪽 넓적다리에 거룩한 모습이 있으니 이름이 '일체 부처님의 한량없는 몸모습바다를 나타내는 구름'이다. 일체 보배바다가 따라서 편안히 머무르는 것으로 장엄하였고, 광대하게 다니면서 깨끗한 광명을 놓아 중생들에게 널리 비추어 모두 위없는 부처님의 법을 희구하게 한다. 이것이 여든하나이다.

여래의 오른쪽 이니연 사슴왕 장딴지에 거룩한 모습이 있으니 이름이 '일체 허공 법계 구

기상 　 원직 　 선능유보 　 방염부금색청
其相이 圓直하야 善能遊步하며 放閻浮金色清

정광명 　 변조일체제불세계 　 발대음성
淨光明하야 徧照一切諸佛世界하며 發大音聲하야

보개진동 　 부현일체제불국토 　 주어허
普皆震動하며 復現一切諸佛國土가 住於虛

공 　 보염장엄 　 무량보살 　 종중화현
空하야 寶燄莊嚴이어든 無量菩薩이 從中化現이

시위팔십이
是爲八十二니라

여래좌변이니연녹왕천 　 유대인상 　 명장
如來左邊伊尼延鹿王腨에 有大人相하니 名莊

엄해운 　 색여진금 　 능변유행일체불찰
嚴海雲이라 色如眞金하야 能徧遊行一切佛刹하며

방일체보청정광명 　 충만법계 　 시작불
放一切寶清淨光明하야 充滿法界하야 施作佛

름'이다. 밝게 빛나는 미묘한 보배로 장엄하였고, 그 모양이 둥글고 곧아 능히 잘 걸어 다니며, 염부단금색 청정한 광명을 놓아 일체 모든 부처님의 세계를 두루 비추고, 큰 음성을 내어 널리 다 진동하며, 다시 일체 모든 부처님의 국토가 허공에 머물러 보배 불꽃으로 장엄함을 나타내고, 한량없는 보살들이 그 가운데에서 변화하여 나타낸다. 이것이 여든둘이다.

여래의 왼쪽 이니연 사슴왕 장딴지에 거룩한 모습이 있으니 이름이 '장엄바다 구름'이다. 색이 진금과 같고 능히 일체 부처님 세계에 두루 다니며, 일체 보배의 청정한 광명을 놓아 법계

사　시위팔십삼
事가 是爲八十三이니라

여래보천상모　유대인상　명보현법계영
如來寶膞上毛에 有大人相하니 名普現法界影

상운　기모　우선　일일모단　방보광
像雲이라 其毛가 右旋하고 一一毛端에 放寶光

명　충만시방일체법계　시현일체제불
明하야 充滿十方一切法界하야 示現一切諸佛

신력　기제모공　실방광명　일체불찰
神力하며 其諸毛孔에 悉放光明하야 一切佛刹이

어중현현　시위팔십사
於中顯現이 是爲八十四니라

여래족하　유대인상　명일체보살해안주
如來足下에 有大人相하니 名一切菩薩海安住

를 가득 채워 불사를 짓는다. 이것이 여든셋이다.

여래의 보배 장딴지 위의 털에 거룩한 모습이 있으니 이름이 '법계의 영상을 널리 나타내는 구름'이다. 그 털이 오른쪽으로 돌고, 낱낱 털끝에서 보배 광명을 놓아 시방의 일체 법계에 가득하여 일체 모든 부처님의 위신력을 나타내 보이며, 그 모든 모공에서 모두 광명을 놓아 일체 부처님의 세계를 그 가운데 나타낸다. 이것이 여든넷이다.

여래의 발아래에 거룩한 모습이 있으니 이름이 '일체 보살바다가 편안히 머무르는 구름'이

운
雲이라 　색여금강염부단금청정연화 　방보
色如金剛閻浮檀金淸淨蓮華하고 放寶

광 명
光明하야 　보조시방제세계해 　보향염운
普照十方諸世界海어든 寶香燄雲이

처 처 주 변 　거족장보 　향기주류 　구중
處處周徧하야 擧足將步에 香氣周流하야 具衆

보색 　충만법계 　시위팔십오
寶色하야 充滿法界가 是爲八十五니라

여래우족상 　유대인상 　명보조일체광명
如來右足上에 有大人相하니 名普照一切光明

운 　일체중보 　이위장엄 　방대광명
雲이라 一切衆寶로 以爲莊嚴하고 放大光明하야

충만법계 　시현일체제불보살 　시위팔십
充滿法界하야 示現一切諸佛菩薩이 是爲八十

육
六이니라

다. 색은 금강 염부단금인 청정한 연꽃과 같고, 보배 광명을 놓아 시방의 모든 세계바다를 널리 비추니 보배 향 불꽃 구름이 곳곳마다 두루하여 발을 들어 걸으면 향기가 두루 흐르며 온갖 보배색을 갖추어 법계에 가득하다. 이것이 여든다섯이다.

여래의 오른발 위에 거룩한 모습이 있으니 이름이 '일체를 널리 비추는 광명 구름'이다. 일체 온갖 보배로 장엄하였고, 큰 광명을 놓아 법계에 가득하여 일체 모든 부처님과 보살들을 나타내 보인다. 이것이 여든여섯이다.

여래좌족상　　유대인상　　　명보현일체제불
如來左足上에 有大人相하니 名普現一切諸佛

운　　보장마니　　이위장엄　　　방보광명
雲이라 寶藏摩尼로 以爲莊嚴하고 放寶光明하야

어염념중　　현일체불신통변화　　급기법해
於念念中에 現一切佛神通變化와 及其法海

소좌도량　　진미래제겁　　무유간단　시
所坐道場하야 盡未來際劫토록 無有間斷이 是

위팔십칠
爲八十七이니라

여래우족지간　　유대인상　　　명광조일체법
如來右足指間에 有大人相하니 名光照一切法

계해운　　수미등마니왕천폭염륜　　종종
界海雲이라 須彌燈摩尼王千輻燄輪으로 種種

여래의 왼발 위에 거룩한 모습이 있으니 이름이 '일체 모든 부처님을 널리 나타내는 구름'이다. 보배 창고 마니로 장엄하였고 보배 광명을 놓아 생각생각 동안에 일체 부처님의 신통 변화와 그리고 그 법바다와 앉은 바 도량을 나타내어 미래제의 겁이 다하도록 끊어짐이 없다. 이것이 여든일곱이다.

여래의 오른쪽 발가락 사이에 거룩한 모습이 있으니 이름이 '광명이 일체 법계바다를 비추는 구름'이다. 수미산 등불 마니왕 천 살 불꽃 바퀴로 갖가지로 장엄하였고, 큰 광명을 놓아

장엄　　　방대광명　　　충만시방일체법계제
莊嚴하고　放大光明하야　充滿十方一切法界諸

세계해　　　어중　　보현일체제불　소유종종
世界海어든　於中에　普現一切諸佛의　所有種種

보장엄상　　시위팔십팔
寶莊嚴相이　是爲八十八이니라

여래좌족지간　　유대인상　　　명현일체불해
如來左足指間에　有大人相하니　名現一切佛海

운　　　마니보화향염등만일체보륜　　　이위
雲이라　摩尼寶華香燄燈鬘一切寶輪으로　以爲

장엄　　　항방보해청정광명　　　충만허공
莊嚴하고　恒放寶海淸淨光明하야　充滿虛空하야

보급시방일체세계　　　어중　시현일체제
普及十方一切世界어든　於中에　示現一切諸

불　　급제보살　　원만음성만자등상　　이익
佛과　及諸菩薩의　圓滿音聲卐字等相하야　利益

시방 일체 법계의 모든 세계바다에 가득하며, 그 가운데 일체 모든 부처님께서 지니신 갖가지 보배로 장엄한 모양을 널리 나타낸다. 이것이 여든여덟이다.

여래의 왼쪽 발가락 사이에 거룩한 모습이 있으니 이름이 '일체 부처님바다를 나타내는 구름'이다. 마니보배 꽃 향기 불꽃 등불 화만과 일체 보배 바퀴로 장엄하였고, 보배바다의 청정한 광명을 항상 놓아 허공에 가득하고 시방의 일체 세계에 널리 미치며, 그 가운데서 일체 모든 부처님과 그리고 모든 보살들의 원만한 음성과 '만'자 등의 모양들을 나타내 보

무량일체중생　　시위팔십구
無量一切衆生이 是爲八十九니라

여래우족근　　유대인상　　　명자재조요운
如來右足跟에 有大人相하니 名自在照耀雲이라

제청보말　　이위장엄　　　상방여래묘보광명
帝青寶末로 以爲莊嚴하고 常放如來妙寶光明에

기광　　묘호　　　충만법계　　개동일상　　무
其光이 妙好하야 充滿法界하야 皆同一相이라 無

유차별　　　어중　　시현일체제불　　좌어도
有差別이어든 於中에 示現一切諸佛이 坐於道

량　　연설묘법　　시위구십
場하사 演說妙法이 是爲九十이니라

여래좌족근　　유대인상　　　명시현묘음연설
如來左足跟에 有大人相하니 名示現妙音演說

여 한량없는 일체 중생을 이익하게 한다. 이것이 여든아홉이다.

여래의 오른쪽 발꿈치에 거룩한 모습이 있으니 이름이 '자재하게 밝게 비추는 구름'이다. 제청 보배 가루로 장엄하였고, 여래의 미묘한 보배 광명을 항상 놓아 그 광명의 미묘하고 아름다움이 법계에 가득하여 다 같은 한 모양이어서 차별이 없으며, 그 가운데 일체 모든 부처님께서 도량에 앉으셔서 미묘한 법을 연설함을 나타내 보인다. 이것이 아흔이다.

여래의 왼쪽 발꿈치에 거룩한 모습이 있으니

제법해운　　이변화해마니보　향염해수미
諸法海雲_{이라} 以變化海摩尼寶_와 香燄海須彌

화마니보　급비유리　이위장엄　방대광
華摩尼寶_와 及毗瑠璃_로 而爲莊嚴_{하고} 放大光

명　　충만법계　　어중　보현제불신력
明_{하야} 充滿法界_{어든} 於中_에 普現諸佛神力_이

시위구십일
是爲九十一_{이니라}

여래우족부　유대인상　명시현일체장엄
如來右足趺_에 有大人相_{하니} 名示現一切莊嚴

광명운　중보소성　극묘장엄　방염부
光明雲_{이라} 衆寶所成_{으로} 極妙莊嚴_{하고} 放閻浮

단금색청정광명　보조시방일체법계
檀金色淸淨光明_{하야} 普照十方一切法界_{하니}

이름이 '미묘한 음성을 나타내 보여 모든 법의 바다를 연설하는 구름'이다. 변화하는 바다의 마니보배와 향 불꽃바다의 수미산 꽃 마니보배와 및 비유리로 장엄하였고, 큰 광명을 놓아 법계에 가득하며, 그 가운데 모든 부처님의 위신력을 널리 나타낸다. 이것이 아흔하나이다.

여래의 오른쪽 발등에 거룩한 모습이 있으니 이름이 '일체 장엄을 나타내 보이는 광명 구름'이다. 온갖 보배로 이루어져 지극히 미묘하게 장엄하였고, 염부단금색 청정한 광명을 놓

기광명상　유여대운　　보부일체제불도
其光明相이 猶如大雲하야 普覆一切諸佛道

량　시위구십이
場이 是爲九十二니라

여래좌족부　유대인상　　명현중색상운
如來左足趺에 有大人相하니 名現衆色相雲이라

이일체월염장비로자나보　인다라니라보
以一切月燄藏毗盧遮那寶와 因陀羅尼羅寶로

이위장엄　　염념유행제법계해　　방마니
而爲莊嚴하고 念念遊行諸法界海하야 放摩尼

등향염광명　　기광　변만일체법계　시위
燈香燄光明하니 其光이 徧滿一切法界가 是爲

구십삼
九十三이니라

아 시방의 일체 법계를 널리 비추며, 그 광명의 모양이 마치 큰 구름 같아서 일체 모든 부처님의 도량을 널리 덮는다. 이것이 아흔둘이다.

여래의 왼쪽 발등에 거룩한 모습이 있으니 이름이 '온갖 색상을 나타내는 구름'이다. 일체 달의 불꽃 창고인 비로자나 보배와 인다라니라 보배로 장엄하였고, 생각생각마다 모든 법계바다를 다니며, 마니 등불 향기 불꽃 광명을 놓아 그 광명이 일체 법계에 두루 가득하다. 이것이 아흔셋이다.

여래의 오른발 네 둘레에 거룩한 모습이 있

여래우족사주　유대인상　　명보장운　　인
如來右足四周에 有大人相하니 名普藏雲이라 因

다라니라금강보　이위장엄　　방보광명
陀羅尼羅金剛寶로 以爲莊嚴하고 放寶光明하야

충만허공　　어중　시현일체제불　좌어도
充滿虛空이어든 於中에 示現一切諸佛이 坐於道

량마니보왕사자지좌　시위구십사
場摩尼寶王師子之座가 是爲九十四니라

여래좌족사주　유대인상　　명광명변조법
如來左足四周에 有大人相하니 名光明徧照法

계운　마니보화　이위장엄　　방대광명
界雲이라 摩尼寶華로 以爲莊嚴하고 放大光明하야

충만법계　평등일상　어중　시현일체
充滿法界하니 平等一相이라 於中에 示現一切

제불　급제보살　자재신력　이대묘음
諸佛과 及諸菩薩의 自在神力하야 以大妙音으로

으니 이름이 '널리 갈무리한 구름'이다. 인다라
니라 금강 보배로 장엄하였고, 보배 광명을 놓
아 허공에 가득하였으며, 그 가운데 일체 모든
부처님께서 도량의 마니보배왕 사자좌에 앉아
계심을 나타내 보인다. 이것이 아흔넷이다.

여래의 왼발 네 둘레에 거룩한 모습이 있으
니 이름이 '광명이 법계를 두루 비추는 구름'
이다. 마니보배 꽃으로 장엄하였고, 큰 광명을
놓아 법계에 가득하니 평등하여 한 모양이다.
그 가운데 일체 모든 부처님과 및 모든 보살들
의 자재한 위신력을 나타내 보여 크고 미묘한
음성으로 법계의 다함이 없는 법문을 연설한

연설법계무진법문　시위구십오
演說法界無盡法門이 是爲九十五니라

여래우족지단　　유대인상　　　명시현장엄
如來右足指端에　有大人相하니　名示現莊嚴

운　　　심가애락염부단청정진금　　이위장
雲이라 甚可愛樂閻浮檀淸淨眞金으로 以爲莊

엄　　방대광명　　충만시방일체법계　　　어
嚴하고 放大光明하야 充滿十方一切法界어든 於

중　　시현일체제불　급제보살　　무진법해
中에 示現一切諸佛과 及諸菩薩의 無盡法海와

종종공덕　　신통변화　　시위구십육
種種功德과 神通變化가 是爲九十六이니라

여래좌족지단　　유대인상　　　명현일체불신
如來左足指端에　有大人相하니　名現一切佛神

다. 이것이 아흔다섯이다.

여래의 오른쪽 발가락 끝에 거룩한 모습이 있으니 이름이 '장엄을 나타내 보이는 구름'이다. 매우 사랑스러운 염부단의 청정한 진금으로 장엄하였고, 큰 광명을 놓아 시방 일체 법계에 가득하며, 그 가운데 일체 모든 부처님과 및 모든 보살들의 다함이 없는 법바다와 갖가지 공덕과 신통 변화를 나타내 보인다. 이것이 아흔여섯이다.

여래의 왼쪽 발가락 끝에 거룩한 모습이 있으니 이름이 '일체 부처님의 신통 변화를 나타

변운　　부사의불광명월염보향마니보염
變雲이라 不思議佛光明月燄普香摩尼寶燄

륜　　이위장엄　　방중보색청정광명　　충만
輪으로 以爲莊嚴하고 放衆寶色淸淨光明하야 充滿

일체제세계해　　어중　시현일체제불　급제
一切諸世界海어든 於中에 示現一切諸佛과 及諸

보살　연설일체제불법해　시위구십칠
菩薩이 演說一切諸佛法海가 是爲九十七이니라

불자　비로자나여래　유여시등십화장세
佛子야 毗盧遮那如來가 有如是等十華藏世

계해미진수대인상　일일신분　중보묘
界海微塵數大人相하사 一一身分에 衆寶妙

상　이위장엄
相으로 以爲莊嚴하시니라

내는 구름'이다. 부사의한 부처님 광명과 달 불꽃 넓은 향기와 마니보배 불꽃 바퀴로 장엄하였고, 온갖 보배색 청정한 광명을 놓아 일체 모든 세계바다에 가득하며, 그 가운데서 일체 모든 부처님과 및 모든 보살들이 일체 모든 부처님 법바다 연설함을 나타내 보인다. 이것이 아흔일곱이다.

불자여, 비로자나여래께서는 이와 같은 등 열 화장세계바다 미진수 거룩한 모습이 있으니 낱낱 몸에 온갖 보배 미묘한 모양으로 장엄하였다."

대방광불화엄경
제48권

35. 여래수호광명공덕품

대방광불화엄경 권제사십팔
大方廣佛華嚴經　卷第四十八

여래수호광명공덕품　제삼십오
如來隨好光明功德品　第三十五

이시　　세존　　고보수보살언　　　불자　　여래
爾時에 世尊이 告寶手菩薩言하사대 佛子야 如來

응정등각　　유수호　　　명원만왕　　차수호
應正等覺이 有隨好하니 名圓滿王이요 此隨好

중　　출대광명　　　명위치성　　　칠백만아승
中에 出大光明하니 名爲熾盛이라 七百萬阿僧

지광명　　　이위권속
祇光明으로 而爲眷屬하니라

대방광불화엄경 제48권

35. 여래수호광명공덕품

그때에 세존께서 보수 보살에게 말씀하셨다.

"불자여, 여래 응정등각에게 '따라서 잘생긴 모습'이 있으니 이름이 '원만왕'이며, 이 '따라서 잘생긴 모습'에서 큰 광명이 나오니 이름이 '치성'이고 칠백만 아승지 광명으로 권속이 되었다.

불자 아위보살시 어도솔천궁 방대광
佛子야 我爲菩薩時에 於兜率天宮에 放大光

명 명광당왕 조십불찰미진수세계
明하니 名光幢王이라 照十佛刹微塵數世界하니

피세계중 지옥중생 우사광자 중고휴
彼世界中에 地獄衆生이 遇斯光者는 衆苦休

식 득십종청정안 이비설신의 역부
息하야 得十種淸淨眼하고 耳鼻舌身意도 亦復

여시 함생환희 용약칭경
如是하야 咸生歡喜하야 踊躍稱慶하니라

종피명종 생도솔천 천중 유고 명
從彼命終하야 生兜率天하니 天中에 有鼓호대 名

심가애락 피천생이 차고발음 이고
甚可愛樂이라 彼天生已에 此鼓發音하야 而告

지언
之言하니라

불자여, 내가 보살이었을 때에 도솔천궁에서 큰 광명을 놓았으니 이름이 '광당왕'이고, 열 부처님 세계 미진수의 세계를 비추었다.

그 세계 가운데 지옥 중생으로서 이 광명을 만난 자는 온갖 고통이 쉬고 열 가지 청정한 눈을 얻었으며, 귀와 코와 혀와 몸과 뜻도 또한 다시 이와 같아서 모두 환희하는 마음을 내어 뛰며 기뻐하였다.

그곳에서 목숨을 마치고는 도솔천에 태어났다. 하늘에 북이 있으니 이름이 '매우 사랑스러움'이다. 그 하늘에 태어남에 이 북이 소리를 내어 말하였다.

諸天子^야 汝以心不放逸_{하야} 於如來所_에 種諸

善根_{하며} 往昔_에 親近衆善知識_{하며} 毗盧遮那_의

大威神力_{으로} 於彼命終_{하야} 來生此天_{하니라}

佛子_야 菩薩足下_에 千輻輪_이 名光明普照王_{이요} 此

有隨好_{하니} 名圓滿王_{이라} 常放四十種光明_{이어든}

中有一光_{하니} 名淸淨功德_{이라} 能照億那由

他佛刹微塵數世界_{하야} 隨諸衆生_의 種種業

'모든 천자들이여, 그대들은 마음이 방일하지 않고, 여래의 처소에서 모든 선근을 심었으며, 지난 옛적에 여러 선지식을 친근하였으니, 비로자나의 큰 위신력으로 거기서 목숨을 마치고 이 하늘에 와서 태어났다.'

불자여, 보살의 발아래에 천 살 바퀴는 이름이 '광명이 널리 비추는 왕'이고, 여기에 '따라서 잘생긴 모습'이 있으니 이름이 '원만왕'이다. 항상 마흔 가지 광명을 놓으며 그 가운데 한 광명이 있으니 이름이 '청정한 공덕'이다. 능히 억 나유타 부처님 세계 미진수의 세계를 비추어,

행　　종종욕락　　개령성숙　　아비지옥
行과 **種種欲樂**하야 **皆令成熟**하며 **阿鼻地獄**

극고중생　　우사광자　　개실명종　　생도솔
極苦衆生이 **遇斯光者**는 **皆悉命終**하야 **生兜率**

천
天하나니라

기생천이　　문천고음　　이고지언　　선재
旣生天已에 **聞天鼓音**하니 **而告之言**호대 **善哉**

선재　　제천자　　비로자나보살　　입이구삼
善哉라 **諸天子**야 **毗盧遮那菩薩**이 **入離垢三**

매　　　여당경례
昧하시니 **汝當敬禮**니라

이시　　제천자　　문천고음　　여시권회　　함
爾時에 **諸天子**가 **聞天鼓音**이 **如是勸誨**하고 **咸**

모든 중생들의 갖가지 업의 행과 갖가지 욕락을 따라 모두 성숙하게 한다. 아비지옥에서 극심한 고통을 받는 중생들이 이 광명을 만나면 모두 다 목숨을 마치고 도솔천에 태어났다.

이미 하늘에 태어나서는 하늘 북 소리를 들으니, 일러 말하기를 '훌륭하고 훌륭하다. 모든 천자들이여, 비로자나 보살이 때를 여윈 삼매에 들었으니 그대들은 마땅히 공경히 예배하여야 한다.'라고 하였다.

이때에 모든 천자들은 하늘 북이 이와 같이 권하여 가르치는 소리를 듣고 모두 이런 생각

생시념　　　기재희유　　　하인발차미묘지음
生是念호대 奇哉希有여 何因發此微妙之音고

시시천고　　고제천자언
是時天鼓가 告諸天子言하니라

아소발성　　　제선근력지소성취　　　　제천자
我所發聲은 諸善根力之所成就니라 諸天子야

여아설아　　　이불착아　　　불착아소　　　　　일
如我說我호대 而不著我하며 不著我所인달하야 一

체제불　　　역부여시　　　자설시불　　　불착어
切諸佛도 亦復如是하야 自說是佛호대 不著於

아　　　불착아소
我하며 不著我所시니라

을 하였다. '기이하고 희유하다. 무슨 인연으로 이 미묘한 소리를 내는가?'

그때에 하늘 북이 모든 천자들에게 말하였다. '내가 내는 소리는 모든 선근의 힘으로 이루어진 것이다. 모든 천자들이여, 마치 내가 '나'라고 말하여도 '나'에 집착하지 않고 '나의 것'에도 집착하지 않는 것과 같이, 일체 모든 부처님께서도 또한 이와 같아서 스스로 부처라 말씀하셔도 '나'에 집착하지 않고 '나의 것'에도 집착하지 않으신다.

제천자　여아음성　부종동방래　부종남서
諸天子야 如我音聲이 不從東方來며 不從南西

북방사유상하래　　엄보성불　역부여
北方四維上下來인달하야 業報成佛도 亦復如

시　비시방래
是하야 非十方來니라

제천자　비여여등　석재지옥　지옥급신
諸天子야 譬如汝等이 昔在地獄에 地獄及身이

비시방래　단유어여　전도악업　우치전
非十方來요 但由於汝의 顚倒惡業과 愚癡纏

박　생지옥신　차무근본　무유래처
縛하야 生地獄身이니 此無根本하야 無有來處하니

제천자　비로자나보살　위덕력고　방대광
諸天子야 毗盧遮那菩薩이 威德力故로 放大光

명　이차광명　비시방래
明이나 而此光明이 非十方來인달하니라

모든 천자들이여, 마치 내 음성이 동방에서 오는 것이 아니고 남방과 서방과 북방과 네 간방과 상방과 하방에서 오는 것도 아니듯이, 업과 과보로 성불하는 것도 또한 다시 이와 같아서 시방에서 오는 것이 아니다.

모든 천자들이여, 비유하면 그대들이 옛적에 지옥에 있을 적에 지옥과 몸이 시방에서 온 것이 아니고 다만 그대들의 뒤바뀐 나쁜 업과 어리석음에 얽매임을 말미암아 지옥과 몸이 생긴 것이니, 이것은 근본이 없고 온 곳도 없다.

모든 천자들이여, 비로자나 보살이 위덕의 힘인 까닭으로 큰 광명을 놓으니, 이 광명이

제천자　　아천고음　　역부여시　　비시방
諸天子야 我天鼓音도 亦復如是하야 非十方

래　　단이삼매선근력고　　반야바라밀위덕
來요 但以三昧善根力故며 般若波羅蜜威德

력고　　출생여시청정음성　　시현여시종종
力故로 出生如是清淨音聲하야 示現如是種種

자재
自在니라

제천자　　비여수미산왕　　유삼십삼천　　상묘
諸天子야 譬如須彌山王에 有三十三天의 上妙

궁전종종낙구　　이차낙구　　비시방래
宮殿種種樂具나 而此樂具가 非十方來인달하야

아천고음　　역부여시　　비시방래
我天鼓音도 亦復如是하야 非十方來니라

시방에서 오는 것이 아닌 것과 같다.

모든 천자들이여, 나의 하늘 북 소리도 또한 이와 같아서 시방에서 오는 것이 아니고 다만 삼매의 선근의 힘인 까닭이며, 반야바라밀의 위덕의 힘인 까닭으로, 이와 같이 청정한 음성을 내어 이와 같이 갖가지 자재함을 나타내는 것이다.

모든 천자들이여, 비유하면 수미산왕에 삼십삼천의 가장 미묘한 궁전과 갖가지 즐길거리가 있으나, 이 즐길거리가 시방에서 온 것이 아니듯이, 나의 하늘 북 소리도 또한 다시 이와 같아서 시방에서 오는 것이 아니다.

제천자　비여억나유타불찰미진수세계
諸天子야 譬如億那由他佛刹微塵數世界를

진말위진　　아위여시진수중생　　수기소
盡末爲塵이어든 我爲如是塵數衆生하야 隨其所

락　　이연설법　　영대환희　　연아어피
樂하야 而演說法하야 令大歡喜나 然我於彼에

불생피염　　불생퇴겁　　불생교만　　불생
不生疲厭하며 不生退怯하며 不生憍慢하며 不生

방일
放逸인달하니라

제천자　비로자나보살　주이구삼매　역부
諸天子야 毗盧遮那菩薩이 住離垢三昧도 亦復

여시　　어우수장일수호중　방일광명　　출
如是하야 於右手掌一隨好中에 放一光明하야 出

현무량자재신력　　일체성문벽지불　상
現無量自在神力하나니 一切聲聞辟支佛도 尙

모든 천자들이여, 비유하면 억 나유타 부처님 세계 미진수의 세계를 모두 부수어 티끌을 만들었다면, 내가 그와 같은 티끌 수 중생들을 위하여 그들이 즐겨하는 바를 따라서 법을 연설하여 크게 환희하게 하지만, 그러나 나는 저들에게 피로해하거나 싫어함을 내지 않고 겁나서 물러나지도 않고 교만함도 내지 않고 방일함도 내지 않는 것과 같다.

모든 천자들이여, 비로자나 보살이 때를 여읜 삼매에 머무름도 또한 이와 같아서, 오른 손바닥에 한 가지 '따라서 잘생긴 모습'에서 한 광명을 놓아 한량없이 자재한 신통한 힘을

불능지　　황제중생
不能知어든 況諸衆生가

제천자　여당왕예피보살소　친근공양
諸天子야 汝當往詣彼菩薩所하야 親近供養하고

물부탐착오욕락구　착오욕락　장제선
勿復貪著五欲樂具니 著五欲樂이면 障諸善

근
根이니라

제천자　비여겁화　소수미산　실령제
諸天子야 譬如劫火가 燒須彌山에 悉令除

진　　무여가득　　탐욕전심　역부여시
盡하야 無餘可得인달하야 貪欲纏心도 亦復如是하야

종불능생염불지의
終不能生念佛之意니라

나타내니, 일체 성문과 벽지불도 오히려 능히 알지 못하는데 하물며 모든 중생들이겠는가?

모든 천자들이여, 그대들은 마땅히 저 보살의 처소에 가서 가까이 모시고 공양올리되, 다시 다섯 가지 욕락거리에 탐착하지 말라. 다섯 가지 욕락에 탐착하면 모든 선근을 장애한다.

모든 천자들이여, 비유하면 겁의 불이 수미산을 태움에 모두 다하여 남음이 없게 하듯이, 탐욕이 마음을 얽매는 것도 또한 이와 같아서 마침내 부처님을 생각할 뜻을 능히 내지 못한다.

제천자　　여등　　응당지은보은　　　제천자
諸天子야 汝等은 應當知恩報恩이니 諸天子야

기유중생　　부지보은　　다조횡사　　생어
其有衆生이 不知報恩이면 多遭橫死하야 生於

지옥
地獄이니라

제천자　　여등　　석재지옥지중　　　몽광조
諸天子야 汝等이 昔在地獄之中이라가 蒙光照

신　　사피생차　　여등　금자　의질회향
身하야 捨彼生此하니 汝等은 今者에 宜疾迴向하야

증장선근
增長善根이니라

제천자　　여아천고　비남비녀　이능출생
諸天子야 如我天鼓가 非男非女로대 而能出生

무량무변부사의사　　여천자천녀　역부
無量無邊不思議事인달하야 汝天子天女도 亦復

모든 천자들이여, 그대들은 마땅히 은혜를 알고 은혜를 갚아야 한다. 모든 천자들이여, 그 어떤 중생이 은혜 갚을 줄을 알지 못하면 흔히 횡사를 만나서 지옥에 태어난다.

모든 천자들이여, 그대들은 옛적에 지옥에 있다가 광명이 몸에 비침을 입고 그곳을 버리고 여기에 태어났다. 그대들은 지금 마땅히 **빨**리 회향하여 선근을 늘려야 한다.

모든 천자들이여, 마치 나의 하늘 북이 남자도 아니고 여자도 아니지만, 능히 한량없고 가없는 부사의한 일을 내는 것과 같이, 그대들 천자 천녀들도 또한 이와 같아서, 남자도 아니

여시 　 비남비녀 　 이능수용종종상묘궁
如是_{하야} 非男非女_{로대} 而能受用種種上妙宮

전 원 림
殿園林_{이니라}

여아천고 　 불생불멸 　 색수상행식 　 역
如我天鼓_가 不生不滅_{인달하야} 色受想行識_도 亦

부여시 　 불생불멸 　 여등 　 약능어차 　 오
復如是_{하야} 不生不滅_{이니} 汝等_이 若能於此_에 悟

해 　 응지즉입무의인삼매
解_{하면} 應知則入無依印三昧_{니라}

시 　 제천자 　 문시음이 　 득미증유 　 즉개
時_에 諸天子_가 聞是音已_{하고} 得未曾有_{하야} 即皆

고 여자도 아니지만, 능히 갖가지 가장 미묘한 궁전과 동산 숲을 받아 쓰게 되었다.

나의 하늘 북이 나지도 않고 없어지지도 않듯이, 물질과 느낌과 생각과 행과 의식도 또한 이와 같아서 나지도 않고 없어지지도 않는다. 그대들이 만약 능히 이것을 깨달으면, 마땅히 알라, 곧 '의지함 없는 인' 삼매에 들어갈 것이다.'"

이때에 모든 천자들이 이 소리를 듣고는 일찍이 있지 않았던 것을 얻어 곧 일만 꽃 구름

화작일만화운 　 일만향운 　 일만음악운 　 일만
化作一萬華雲과 一萬香雲과 一萬音樂雲과 一萬

당운 　 일만개운 　 일만가찬운 　 작시화이
幢雲과 一萬蓋雲과 一萬歌讚雲하야 作是化已에

즉공왕예비로자나보살소주궁전 　 합장공
即共往詣毗盧遮那菩薩所住宮殿하야 合掌恭

경 　 어일면립 　 욕신첨근 　 이부득견
敬하고 於一面立하야 欲申瞻覲호대 而不得見이니라

시 　 유천자 　 작여시언 　 비로자나보살
時에 有天子가 作如是言호대 毗盧遮那菩薩이

이종차몰 　 생어인간정반왕가 　 승전단
已從此沒하사 生於人間淨飯王家하사 乘栴檀

누각 　 처마야부인태
樓閣하고 處摩耶夫人胎라하니라

시 　 제천자 　 이천안 　 관견보살신 　 처재
時에 諸天子가 以天眼으로 觀見菩薩身이 處在

과 일만 향 구름과 일만 음악 구름과 일만 당기 구름과 일만 일산 구름과 일만 찬탄하는 구름을 모두 변화하여 만들었다. 이렇게 변화하여 만들고는 곧 비로자나 보살이 머무르는 궁전에 함께 가서 합장 공경하고 한 쪽에 서서 문안 여쭈려 하였으나 뵐 수가 없었다.

그때에 어떤 천자가 이와 같이 말하였다. "비로자나 보살은 이미 여기에서 떠나 인간계의 정반왕 집에 태어나는데, 전단 누각에 올라 마야부인의 태에 계신다."

이때에 모든 천자들이 하늘눈으로 관하여 보니, 보살의 몸이 인간계의 정반왕 집에 계시

인간 정반왕가　　범천욕천　　승사공양
人間淨飯王家어든　梵天欲天이　承事供養하고

제천자중　　함작시념　　아등　　약불왕보살
諸天子衆이　咸作是念호대　我等이　若不往菩薩

소　　　문신기거　　내지일념　　　어차천궁
所하야　問訊起居하며　乃至一念이라도　於此天宮에

이생애착　　즉위불가
而生愛著이면　則爲不可라하니라

시　　일일천자　　여십나유타권속　　욕하염
時에　一一天子가　與十那由他眷屬으로　欲下閻

부제
浮提러니라

시　　천고중　　출성고언　　제천자　보살마
時에　天鼓中에　出聲告言호대　諸天子야　菩薩摩

는데 범천과 욕계 천신들이 받들어 섬기며 공양올리고 있었다. 모든 천자 대중들은 다 생각하기를 "우리들이 만약 보살의 처소에 가서 안부 드리지 않고 내지 한 생각이라도 이 천궁에 애착을 낸다면 곧 옳지 못하리라."고 하였다.

이때에 낱낱 천자가 열 나유타 권속과 함께 염부제로 내려가려고 하였다.

그때에 하늘 북에서 소리를 내어 말하였다. "모든 천자들이여, 보살마하살이 여기서 목숨을 마치고 저 인간계에 태어난 것이 아니라,

하살　　비차명종　　이생피간　　단이신통
訶薩이 非此命終하고 而生彼間이라 但以神通으로

수제중생심지소의　　영기득견
隨諸衆生心之所宜하사 令其得見이니라

제천자　여아금자　비안소견　　이능출
諸天子야 如我今者에 非眼所見이로대 而能出

성　　　보살마하살　입이구삼매　역부여
聲인달하야 菩薩摩訶薩이 入離垢三昧도 亦復如

시　비안소견　　이능처처　시현수생
是하야 非眼所見이로대 而能處處에 示現受生하야

이분별　　제교만　　무염착
離分別하며 除憍慢하며 無染著이니라

제천자　여등　응발아뇩다라삼막삼보리
諸天子야 汝等이 應發阿耨多羅三藐三菩提

다만 신통으로써 모든 중생들 마음의 마땅한 바를 따라서 그들로 하여금 보게 한 것이다.

모든 천자들이여, 내가 지금 눈으로 보는 것은 아니지만 능히 소리를 내듯이, 보살마하살이 때를 여읜 삼매에 든 것도 또한 다시 이와 같아서 눈으로 보는 것은 아니지만, 능히 곳곳에 태어나서 분별을 여의고 교만을 없애며 물들어 집착하지 않음을 나타내 보인다.

모든 천자들이여, 그대들은 마땅히 아뇩다라삼먁삼보리 마음을 내고 그 뜻을 깨끗하게 다스려 훌륭한 위의에 머물러서 일체 업의 장애

심   정치기의   주선위의   회제일체
心하야 淨治其意하고 住善威儀하야 悔除一切

업장번뇌장   보장견장   이진법계중생
業障煩惱障과 報障見障이니 以盡法界衆生

수등신   이진법계중생수등두   이진법
數等身하며 以盡法界衆生數等頭하며 以盡法

계중생수등설   이진법계중생수등선신
界衆生數等舌하며 以盡法界衆生數等善身

업   선어업   선의업   회제소유제장과
業과 善語業과 善意業하야 悔除所有諸障過

악
惡이니라

시   제천자   문시어이   득미증유   심대
時에 諸天子가 聞是語已하고 得未曾有하야 心大

환희   이문지언
歡喜하야 而問之言하나라

와 번뇌의 장애와 과보의 장애와 소견의 장애를 뉘우쳐 없애되, 온 법계 중생들의 수와 같은 몸으로써, 온 법계 중생들의 수와 같은 머리로써, 온 법계 중생들의 수와 같은 혀로써, 온 법계 중생들의 수와 같은 착한 몸의 업과 착한 말의 업과 착한 뜻의 업으로써, 있는 바 모든 장애되는 허물을 뉘우쳐 없애야 한다.”

그때에 모든 천자들이 이 말을 듣고는 일찍이 있지 아니함을 얻어서 마음이 크게 환희하여 물었다.

“보살마하살이 어떻게 일체 허물을 뉘우쳐 없앱니까?”

보살마하살　운하회제일체과악
菩薩摩訶薩이 云何悔除一切過惡이니잇고

이시　천고　이보살삼매선근력고　발성고
爾時에 天鼓가 以菩薩三昧善根力故로 發聲告

언
言하니라

제천자　보살　지제업　부종동방래　부종
諸天子야 菩薩이 知諸業이 不從東方來며 不從

남서북방사유상하래　이공적집　지주
南西北方四維上下來로대 而共積集하야 止住

어심　단종전도생　무유주처　보살　여
於心이라 但從顚倒生하야 無有住處니 菩薩이 如

시결정명견　무유의혹
是決定明見하야 無有疑惑이니라

그때에 하늘 북이 보살 삼매의 선근의 힘인 까닭으로 소리를 내어 말하였다.

"모든 천자들이여, 보살은 모든 업이 동방으로부터 오는 것이 아니고, 남방과 서방과 북방과 네 간방과 상방 하방으로부터 오는 것도 아니지만, 함께 쌓이고 모여 마음에 머무르는 것이라, 다만 뒤바뀜으로부터 생겨서 머무르는 곳이 없는 줄을 안다. 보살이 이와 같이 결정하여 밝게 보아서 의혹이 없다.

모든 천자들이여, 마치 나의 하늘 북이 업을 말하고 과보를 말하고 행을 말하고 계를 말하고 기쁨을 말하고 편안함을 말하고 모든 삼매

제천자 　　여아천고 　　설업설보 　　설행설
諸天子야 如我天鼓가 說業說報하며 說行說

계 　　설희설안 　　설제삼매 　　제불보
戒하며 說喜說安하며 說諸三昧인달하야 諸佛菩

살 　　역부여시 　　설아설아소 　　설중생
薩도 亦復如是하야 說我說我所하며 說衆生하며

설탐에치종종제업 　　이실무아 　　무유아
說貪恚癡種種諸業이나 而實無我하며 無有我

소 　　제소작업 　　육취과보 　　시방추구
所하며 諸所作業과 六趣果報를 十方推求하야도

실불가득
悉不可得이니라

제천자 　　비여아성 　　불생불멸 　　조악제
諸天子야 譬如我聲이 不生不滅호대 造惡諸

천 　　불문여성 　　유문이지옥각오지성
天은 不聞餘聲하고 唯聞以地獄覺悟之聲인달하야

를 말하는 것처럼, 모든 부처님과 보살들도 또한 그와 같아서 '나'를 말하고 '나의 것'을 말하고 중생을 말하고 탐욕과 성냄과 어리석음의 갖가지 모든 업을 말하지만, 실제로는 '나'도 없고 '나의 것'도 없어서 모든 지은 바 업과 여섯 갈래의 과보를 시방으로 찾아도 모두 얻을 수 없다.

모든 천자들이여, 비유하면 나의 소리는 나지도 않고 없어지지도 않으나, 악을 지은 모든 하늘은 다른 소리는 듣지 못하고, 오직 지옥으로 깨우치는 소리만 듣는 것과 같이, 일체 모든 업도 또한 이와 같아서 나는 것도 아니

일체제업   역부여시   비생비멸   수유
一切諸業도 亦復如是하야 非生非滅이로대 隨有

수집   즉수기보
修集하야 則受其報니라

제천자   여아천고   소출음성   어무량겁
諸天子야 如我天鼓의 所出音聲이 於無量劫에

불가궁진   무유간단   약래약거   개불
不可窮盡이며 無有閒斷이라 若來若去를 皆不

가득
可得이니라

제천자   약유거래   즉유단상   일체제
諸天子야 若有去來면 則有斷常인달하야 一切諸

불   종불연설유단상법   제위방편   성
佛도 終不演說有斷常法이요 除爲方便으로 成

숙중생
熟衆生이니라

고 없어지는 것도 아니지만 닦아 모음이 있는 것을 따라서 그 과보를 받는다.

모든 천자들이여, 나의 하늘 북에서 나는 음성은 한량없는 겁에도 다하지 아니하여 끊어짐이 없으며, 옴도 감도 다 얻을 수 없다.

모든 천자들이여, 만약 가고 옴이 있으면 곧 끊어짐과 항상함이 있겠으나 일체 모든 부처님께서는 마침내 끊어짐과 항상함이 있는 법을 연설하지 않으셨다. 방편으로 중생을 성숙시키시는 것은 제외한다.

모든 천자들이여, 비유하면 내 소리가 한량없는 세계에서 중생들의 마음을 따라 모두 들

제천자　비여아성　어무량세계　수중생
諸天子야 譬如我聲이 於無量世界에 隨衆生

심　　개사득문　　일체제불　역부여시
心하야 皆使得聞인달하야 一切諸佛도 亦復如是하야

수중생심　　실령득견
隨衆生心하야 悉令得見이니라

제천자　여유파려경　　명위능조　청정감
諸天子야 如有玻瓈鏡하니 名爲能照라 淸淨鑒

철　　여십세계　기량정등　　무량무변제
徹호대 與十世界로 其量正等하야 無量無邊諸

국토중　일체산천　일체중생　내지지옥축
國土中에 一切山川과 一切衆生과 乃至地獄畜

생아귀　소유영상　개어중현
生餓鬼의 所有影像이 皆於中現하나니라

제천자　어여의운하　피제영상　가득설언
諸天子야 於汝意云何오 彼諸影像을 可得說言

게 하듯이, 일체 모든 부처님께서도 또한 이와 같아서 중생들의 마음을 따라 모두 보게 하신다.

모든 천자들이여, 마치 파려 거울이 있으니 이름이 '능히 비춤'이라, 청정하게 사무쳐 비추는 것이 열 세계와 더불어 그 분량이 꼭 같으니, 한량없고 가없는 모든 국토 가운데 일체 산천과 일체 중생과 내지 지옥과 축생과 아귀들의 있는 바 영상이 모두 그 가운데 나타나는 것과 같다.

모든 천자들이여, 그대들은 어떻게 생각하는가? 저 모든 영상들이 거울 속에 들어와서 거

래입경중　　종경거부
來入鏡中하며 從鏡去不아

답언　　불야
答言호대 不也니이다

제천자　일체제업　역부여시　수능출생
諸天子야 一切諸業도 亦復如是하야 雖能出生

제업과보　무래거처
諸業果報나 無來去處니라

제천자　비여환사　환혹인안　　당지제
諸天子야 譬如幻師가 幻惑人眼인달하야 當知諸

업　역부여시　약여시지　시진실참
業도 亦復如是하니라 若如是知하면 是眞實懺

회　일체죄악　실득청정
悔니 一切罪惡이 悉得淸淨하리라

울에서 나간다고 말할 수 있겠는가?"

대답하여 말하기를 "아닙니다."라고 하였다.

"모든 천자들이여, 일체 모든 업도 또한 그와 같아서, 비록 모든 업과 과보를 능히 내지만, 오고 가는 것이 없다.

모든 천자들이여, 비유하면 마술사가 마술로 사람들의 눈을 미혹하게 하듯이, 마땅히 알라, 모든 업도 또한 다시 이와 같다. 만약 이와 같이 알면 이것이 진실한 참회이니, 일체 죄악이 모두 청정하게 될 것이다."

설차법시 　백천억나유타불찰미진수세계
說此法時에 百千憶那由他佛刹微塵數世界

중도솔타제천자 　득무생법인 　무량부사
中兜率陀諸天子가 得無生法忍하며 無量不思

의아승지육욕제천자 　발아뇩다라삼먁삼
議阿僧祇六欲諸天子가 發阿耨多羅三藐三

보리심 　육욕천중일체천녀 　개사여신
菩提心하며 六欲天中一切天女가 皆捨女身하고

발어무상보리지의
發於無上菩提之意하니라

이시 　제천자 　문설보현 　광대회향 　득
爾時에 諸天子가 聞說普賢의 廣大迴向하고 得

십지고 　획제력장엄삼매고 　이중생수
十地故며 獲諸力莊嚴三昧故며 以衆生數

이 법을 설할 때에 백천억 나유타 부처님 세계 미진수의 세계 가운데 도솔타의 모든 천자들은 생멸 없는 법의 지혜를 얻으며, 한량없고 부사의한 아승지의 육욕천 모든 천자들은 아뇩다라삼먁삼보리의 마음을 내었고, 육욕천 가운데 일체 천녀는 모두 여자의 몸을 버리고 위없는 보리의 뜻을 내었다.

그때에 모든 천자들은 보현의 광대한 회향 설함을 듣고 십지를 얻은 까닭과 모든 힘으로 장엄한 삼매를 얻은 까닭과 중생 수와 같은 청정한 삼업으로써 일체 모든 무거운 장애

등 청정삼업　　　회제일체제중장고　　　즉견
等淸淨三業으로 悔除一切諸重障故로 即見

백천억나유타불찰미진수칠보연화　　일일
百千億那由他佛刹微塵數七寶蓮華의 一一

화상　　개유보살　　결가부좌　　　방대광명
華上에 皆有菩薩이 結跏趺坐하야 放大光明하며

피제보살　　일일수호　　방중생수등광명
彼諸菩薩의 一一隨好에 放衆生數等光明하며

피광명중　　유중생수등제불　　결가부좌
彼光明中에 有衆生數等諸佛이 結跏趺坐하사

수중생심　　이위설법　　이유미현이구삼
隨衆生心하야 而爲說法호대 而猶未現離垢三

매소분지력
昧少分之力하니라

이시　　피제천자　　이상중화　　부어신상
爾時에 彼諸天子가 以上衆華하며 復於身上

를 참회하여 없앤 까닭으로 곧 백천억 나유타 부처님 세계 미진수의 칠보 연꽃을 보았는데, 낱낱 꽃 위에 모두 보살이 있어 결가부좌하고 큰 광명을 놓으며, 저 모든 보살들의 낱낱 '따라서 잘생긴 모습'마다 중생 수와 같은 광명을 놓으며, 그 광명 가운데 중생 수와 같은 모든 부처님께서 결가부좌하고 계시어 중생의 마음을 따라 법을 설하시지만 오히려 때를 여읜 삼매의 적은 부분의 힘도 아직 나타내지 못하였다.

그때에 저 모든 천자들이 온갖 꽃을 올리며, 또 몸의 낱낱 모공에서 중생 수와 같은 온갖

일일모공　화작중생수등중묘화운　　공양
一一毛孔에 化作衆生數等衆妙華雲하야 供養

비로자나여래　　지이산불　　일체개어불
毗盧遮那如來호대 持以散佛하니 一切皆於佛

신상주
身上住하니라

기제향운　보우무량불찰미진수세계　　약
其諸香雲이 普雨無量佛刹微塵數世界하니 若

유중생　신몽향자　기신안락　비여비구
有衆生이 身蒙香者면 其身安樂이 譬如比丘가

입제사선　일체업장　개득소멸
入第四禪에 一切業障이 皆得銷滅하니라

약유문자　피제중생　어색성향미촉　기
若有聞者면 彼諸衆生이 於色聲香味觸에 其

미묘한 꽃 구름을 변화하여 만들어 비로자나 여래께 공양올리되 받들어 부처님께 흩뿌리니 일체가 다 부처님 몸 위에 머물렀다.

그 모든 향기 구름이 한량없는 부처님 세계 미진수의 세계에 널리 비내리니, 만약 어떤 중생이 몸에 향기가 닿으면 그 몸이 안락한 것이, 비유하면 비구가 제4선에 듦에 일체 업장이 모두 소멸되는 것과 같다.

만약 어떤 중생이 향기를 맡으면 그 모든 중생들이 색과 소리와 향기와 맛과 감촉에 대하여 그 안에 오백 번뇌가 갖추어져 있고 그 밖

내 　　구유오백번뇌　　기외　　역유오백번
內에 **具有五百煩惱**하고 **其外**에 **亦有五百煩**

뇌　　탐행다자　　이만일천　　진행다자　　이
惱하야 **貪行多者**가 **二萬一千**이요 **瞋行多者**가 **二**

만일천　　치행다자　　이만일천　　등분행
萬一千이요 **癡行多者**가 **二萬一千**이요 **等分行**

자　　이만일천　　요지여시　　실시허망　　여
者가 **二萬一千**이요 **了知如是**가 **悉是虛妄**하야 **如**

시지이　 성취향당운자재광명청정선근
是知已에 **成就香幢雲自在光明淸淨善根**하나라

약유중생　　견기개자　　종일청정금망전륜
若有衆生이 **見其蓋者**면 **種一淸淨金網轉輪**

왕　　일항하사선근
王의 **一恒河沙善根**이니라

에도 또한 오백 번뇌가 있어서 탐욕의 행이 많은 자가 이만 일천이고, 성냄의 행이 많은 자도 이만 일천이고, 어리석음의 행이 많은 자도 이만 일천이고, 같은 분량으로 행하는 자도 이만 일천이다. 이와 같은 것이 모두 허망함을 밝게 알고, 이와 같이 알고는 향기 당기 구름 자재한 광명의 청정한 선근을 성취한다.

만약 어떤 중생이 그 일산을 보면 한 청정한 금망전륜왕의 한 항하사의 선근을 심게 된다.

불자   보살   주차전륜왕위   어백천억나
佛子야 菩薩이 住此轉輪王位하야 於百千億那

유타불찰미진수세계중   교화중생
由他佛刹微塵數世界中에 敎化衆生하나니라

불자   비여명경세계   월지여래   상유무량
佛子야 譬如明鏡世界에 月智如來가 常有無量

제세계중비구비구니우바새우바이등   화
諸世界中比丘比丘尼優婆塞優婆夷等이 化

현기신   이래청법   광위연설본생지사
現其身하야 而來聽法에 廣爲演說本生之事하사대

미증일념   이유간단   약유중생   문기불
未曾一念도 而有間斷이니 若有衆生이 聞其佛

명   필득왕생피불국토
名이면 必得往生彼佛國土인달하니라

보살   안주청정금망전륜왕위   역부여시
菩薩이 安住淸淨金網轉輪王位도 亦復如是하야

"불자여, 보살이 이 전륜왕의 지위에 머물러 서는 백천억 나유타 부처님 세계 미진수의 세계 가운데 중생들을 교화한다.

불자여, 비유하면 명경세계의 월지여래께 항상 한량없는 모든 세계 가운데 비구와 비구니와 우바새와 우바이들이 있어, 그 몸을 화현하여 와서 법을 들음에, 본생의 일을 널리 연설하되 일찍이 잠깐도 끊어진 적이 없으니, 만약 어떤 중생이 그 부처님의 명호를 들으면 반드시 그 부처님의 국토에 왕생하게 되는 것과 같다.

보살이 청정한 금망전륜왕 지위에 편안히 머무름도 또한 다시 이와 같아서 만약 어떤 이

약유잠득우기광명　　　필획보살제십지위
若有暫得遇其光明이면　必獲菩薩第十地位하나니

이선수행선근력고
以先修行善根力故니라

불자　　여득초선　　수미명종　　견범천처소
佛子야　如得初禪에　雖未命終이나　見梵天處所

유궁전　　이득수어범세안락　　득제선자
有宮殿하야　而得受於梵世安樂하며　得諸禪者도

실역여시
悉亦如是인달하니라

보살마하살　　주청정금망전륜왕위　　　방마
菩薩摩訶薩이　住清淨金網轉輪王位하야　放摩

니계청정광명　　약유중생　　우사광자
尼髻清淨光明이어든　若有衆生이　遇斯光者면

가 잠깐이라도 그 광명을 만나면 반드시 보살
제십지의 지위를 얻게 되니, 먼저 수행한 선근
의 힘인 까닭이다.

불자여, 마치 초선을 얻음에 비록 목숨이 끝
나지 않았더라도 범천의 처소에 있는 궁전을
보고 범천 세상의 안락함을 받게 되는 것처럼,
모든 선정을 얻은 자들도 다 또한 이와 같다.

보살마하살이 청정한 금망전륜왕의 지위에
머물러서 마니 상투의 청정한 광명을 놓는데,
만약 어떤 중생이 이 광명을 만나면 모두 보
살 제십지의 지위를 얻어 한량없는 지혜 광명

개득보살제십지위　　성취무량지혜광명
皆得菩薩第十地位하야 成就無量智慧光明하며

득십종청정안　내지십종청정의　　구족무
得十種清淨眼과 乃至十種清淨意하야 具足無

량심심삼매　　성취여시청정육안
量甚深三昧하야 成就如是清淨肉眼이니라

불자　가사유인　이억나유타불찰　쇄위미
佛子야 假使有人이 以億那由他佛刹로 碎爲微

진　　일진일찰　　부이이허미진수불찰　쇄
塵하야 一塵一刹이어든 復以爾許微塵數佛刹로 碎

위미진　여시미진　실치좌수　　지이동
爲微塵하야 如是微塵을 悉置左手하고 持以東

행　　과이허미진수세계　내하일진　　여
行호대 過爾許微塵數世界하야 乃下一塵하고 如

을 성취하고, 열 가지 청정한 눈과 내지 열 가지 청정한 뜻을 얻으며, 한량없는 매우 깊은 삼매를 구족하여 이와 같은 청정한 육안을 성취한다.

불자여, 가령 어떤 사람이 억 나유타 부처님 세계를 부수어 미진을 만들고 한 티끌을 한 세계로 하며, 다시 그러한 미진수의 부처님 세계를 부수어 미진을 만들어서, 이와 같은 미진들을 모두 왼손에 들고 지니어 동방으로 가면서, 그러한 미진수 만큼의 세계를 지나가서 이에 한 티끌을 떨어뜨리되, 이와 같이 하면서

시동행　　진차미진　　　남서북방　　사유상
是東行하야 盡此微塵하며 南西北方과 四維上

하　역부여시　　여시시방소유세계　약착
下도 亦復如是하야 如是十方所有世界의 若著

미진　급불착자　실이집성일불국토　　　보
微塵과 及不著者를 悉以集成一佛國土하면 寶

수　어여의운하　여시불토　광대무량　가
手야 於汝意云何오 如是佛土의 廣大無量을 可

사의부
思議不아

답왈불야　　　여시불토　광대무량　희유
答曰不也니이다 如是佛土의 廣大無量이 希有

기특　　　불가사의　약유중생　문차비유
奇特하야 不可思議니 若有衆生이 聞此譬諭하고

능생신해　　당지갱위희유기특
能生信解하면 當知更爲希有奇特이니이다

동방으로 가기를 이 미진이 다하도록 하고, 남
방과 서방과 북방과 네 간방과 상방과 하방으
로도 또한 다시 그렇게 하며, 이와 같이 시방
에 있는 세계들의 혹 티끌이 붙은 곳과 붙지
않은 곳을 모두 모아서 한 부처님 국토를 만든
다 하면, 보수여, 그대의 뜻에는 어떠한가? 이
와 같은 부처님 국토가 광대하고 한량없는 것
을 사의할 수 있겠는가?"

대답하였다. "헤아릴 수 없습니다. 이와 같은
부처님 국토의 광대하고 한량없음이 희유하고
기특하여 불가사의하니, 만약 어떤 중생이 이
비유를 듣고 능히 신심과 지혜를 내면 마땅히

불언
佛言하시니라

보수 　여시여시　 여여소설　 약유선남
寶手야 如是如是하다 如汝所說하야 若有善男

자선여인 　문차비유　 이생신자 　아수피
子善女人이 聞此譬諭하고 而生信者면 我授彼

기　 결정당성아뇩다라삼먁삼보리 　당
記호대 決定當成阿耨多羅三藐三菩提하야 當

획여래무상지혜
獲如來無上智慧라호리라

보수 　설부유인 　이천억불찰미진수여상
寶手야 設復有人이 以千億佛刹微塵數如上

소설광대불토 　말위미진 　이차미진
所說廣大佛土로 末爲微塵하고 以此微塵으로

의전비유 　일일하진 　내지집성일불국
依前譬諭하야 一一下盡하야 乃至集成一佛國

더욱 희유하고 기특한 줄 알아야 할 것입니다."

부처님께서 말씀하셨다.

"보수여, 그러하다. 그러하다. 그대가 말한 바와 같으니, 만약 선남자나 선여인이 이 비유를 듣고 신심을 내는 자가 있으면 내가 그에게 수기를 주되 '결정코 마땅히 아뇩다라삼먁삼보리를 이루어 마땅히 여래의 위없는 지혜를 얻을 것이다.'라고 하리라.

보수여, 가령 다시 어떤 사람이 천억 부처님 세계 미진수의, 위에서 말한 바와 같은 광대한 부처님 국토를 부수어 미진을 만들고, 이 미진으로써 앞에 비유한 대로 낱낱이 떨어뜨려 다

토　　부말위진　　여시차제전전　　내지경
土하며 復末爲塵하야 如是次第展轉하야 乃至經

팔십반　　여시일체광대불토　　소유미진
八十返이라도 如是一切廣大佛土의 所有微塵을

보살업보청정육안　　어일념중　　실능명
菩薩業報淸淨肉眼으로 於一念中에 悉能明

견　　역견백억광대불찰미진수불　　여파
見하며 亦見百億廣大佛刹微塵數佛호대 如玻

려경　청정광명　조십불찰미진수세계
瓈鏡의 淸淨光明이 照十佛刹微塵數世界하나니라

보수　여시　개시청정금망전륜왕　심심삼
寶手야 如是가 皆是淸淨金網轉輪王의 甚深三

매　복덕선근지소성취
昧와 福德善根之所成就니라

〈大方廣佛華嚴經 卷第四十八〉

하고, 내지 모아서 한 부처님 국토를 만들며, 다시 부수어 티끌을 만들고, 이와 같이 차례로 되풀이하여 내지 여든 번을 반복하였다 하더라도, 이와 같이 일체 광대한 부처님 국토에 있는 미진들을 보살의 업보인 청정한 육안으로 한 생각 동안에 모두 능히 분명하게 보며, 또한 백억의 광대한 부처님 세계 미진수의 부처님을 친견하되, 파려거울의 청정한 광명이 열 부처님 세계 미진수의 세계를 비추는 것과 같다.

보수여, 이와 같은 것이 모두 청정한 금망전 륜왕의 매우 깊은 삼매와 복덕과 선근으로 성취된 것이다."

〈대방광불화엄경 제48권〉

大方廣佛華嚴經

부록

•

대방광불화엄경 목차

•

간행사

대방광불화엄경
목차

간 행 사

　귀의삼보 하옵고,

　『대방광불화엄경』의 수지 독송과 유통을 발원하면서 수미정사 불전연구원에서 『독송본 한문·한글역 대방광불화엄경』과 『사경본 한글역 대방광불화엄경』을 편찬하여 간행하게 되었습니다.

　『화엄경』은 우리나라에 전래된 이래 일찍부터 사경되고 주석·강설되어 왔으며 근현대에 이르러서는 『화엄경』의 한글 번역과 연구도 부쩍 많이 이루어졌습니다. 그만큼 『화엄경』이 우리 불자님들의 신행과 해탈에 큰 의지처가 되었던 것임을 알 수 있습니다.

　『화엄경』을 독송하고 사경하는 공덕은 설법 공덕과 함께 크게 강조되어 왔습니다. 그리하여 수미정사 불전연구원에서도 『화엄경』(80권)을 독송하고 사경하는 데 도움이 되도록 한문 원문과 한글역을 함께 수록한 독송본과 한글역의 사경본 『화엄경』 간행불사를 발원하였습니다. 이 『화엄경』 간행불사에 뜻을 같이하여 적극 후원해주신 스님들과 재가 불자님들께 깊이 감사드립니다. 또한 『화엄경』을 수지 독송할 수 있도록 경책의 모습으로 장엄해 주신 편집위원들과 담앤북스 출판사 관계자들께도 고마움을 표합니다.

　끝으로 이 불사의 원만 회향으로 『화엄경』이 널리 유통되고, 온 법계에 부처님의 가피가 충만하시길 기원드립니다.

　나무 대방광불화엄경

불기 2564년 '부처님오신날'을 봉축하며
수미해주 합장

위태천신(동진보살)

수미해주 須彌海住

호거산 운문사에서 성관 스님을 은사로 출가, 석암 대화상을 계사로 사미니계 수계, 월하 전계사를 계사로 비구니계 수계, 계룡산 동학사 전문강원 졸업, 동국대학교 불교대학 및 동 대학원 졸업, 철학박사, 가산지관 대종사에게서 전강, 동국대학교 불교대학 교수, 동학승가대학 학장 및 화엄학림 학림장, 중앙승가대학교 법인이사 역임.
(현) 수미정사 주지, 동국대학교 명예교수.
저·역서로『의상화엄사상사연구』,『화엄의 세계』,『정선 원효』,『정선 화엄 1』,『정선 지눌』,『법계도기총수록』,『해주스님의 법성게 강설』등 다수.

독송본 한문·한글역
대방광불화엄경 제48권

| 초판 1쇄 발행_ 2024년 9월 24일

| 엮은이_ 수미해주
| 엮은곳_ 수미정사 불전연구원
| 편집위원_ 해주 수정 경진 선초 정천 석도 박보람 최원섭
| 편집보_ 무이 무진 지욱 혜명

| 펴낸이_ 오세룡
| 펴낸곳_ 담앤북스
　　　　서울특별시 종로구 새문안로3길 23 경희궁의 아침 4단지 805호
　　　　대표전화 02)765-1251　전자우편 dhamenbooks@naver.com
　　　　출판등록 제300-2011-115호
| ISBN_ 979-11-6201-832-3　04220

정가 15,000원